現代の観光とブランド

大橋昭一［編著］

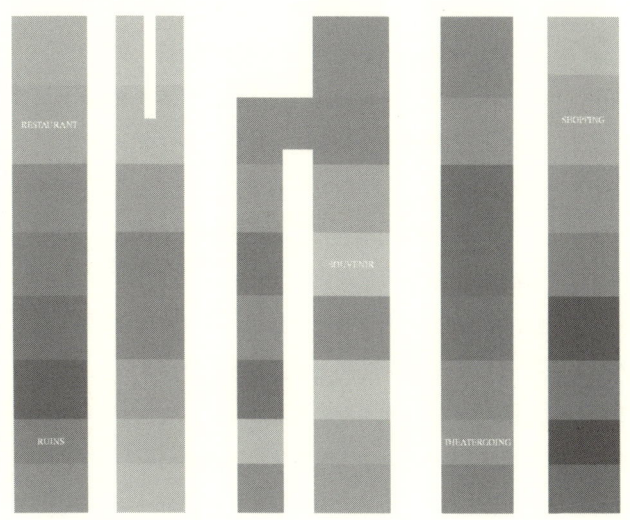

執筆者紹介 （執筆順：カッコ内担当章）

大橋　　昭一　和歌山大学名誉教授（第1章）
東　　　悦子　和歌山大学観光学部准教授（第2章）
廣岡　　裕一　和歌山大学観光学部教授（第3章）
出口　　竜也　和歌山大学観光学部教授（第4章）
山田　　良治　和歌山大学観光学部教授・観光学部長（第5章）
堀田　祐三子　和歌山大学観光学部准教授（第6章）
大浦　　由美　和歌山大学観光学部准教授（第7章）
神田　　孝治　和歌山大学観光学部准教授（第8章）
尾久土　正己　和歌山大学観光学部教授（第9章・第12章）
中串　　孝志　和歌山大学観光学部准教授（第9章・第12章）
田中　　　豪　和歌山大学観光学部教授（第10章）
竹林　　浩志　和歌山大学観光学部准教授（第11章）
佐々木壮太郎　和歌山大学観光学部准教授（第13章）
竹鼻　　圭子　和歌山大学観光学部教授（第14章）
澤田　　知樹　和歌山大学観光学部准教授（第15章）
竹林　　　明　和歌山大学観光学部教授（第16章）
北村　　元成　和歌山大学観光学部准教授（第17章）
米山　　龍介　和歌山大学観光学部教授（第18章）
竹田　　明弘　和歌山大学観光学部准教授（第19章）
永瀬　　節治　和歌山大学観光学部講師（第20章）
藤田　　武弘　和歌山大学観光学部教授（第21章）
加藤　　久美　和歌山大学観光学部教授（第22章）
大井　　達雄　和歌山大学観光学部准教授（第23章）

はしがき

　21世紀になって，観光に対する関心はますます高まっている。特に近年括目すべきことは，旧来発展途上国といわれていた諸地域で観光に対する関心が強まり，こうした地域の人々が観光に出向く欲求が高まりつつある一方，このことが逆に，これらの地域へ観光に出向く傾向を強めていることである。さらにこれに加えて，Y世代とよばれる新しい世代が，観光の主体層として登場している。こうしたこともあり，これまでにはない観光の考え方，取り組みが必要になっている。

　本書は，こうした問題意識にたって，現在において必要とされる観光の考え方を提示しようとするものであるが，その重点をブランドの問題においていることが大きな特色である。今日のような情報社会では，イメージの役割が強く，マス・メディアの果たす役割にも大きいものがあるが，その中心的地位を占めるものがブランドである。

　観光を含めて，現代社会はブランド社会といっていい。ブランド力が物事を決する社会になっている。本書が目指すものは，ブランドを踏まえた現代観光理論を提示することであるが，その際本書は，そうしたブランドを含めた観光の全体的過程を次のように考えている。

　まず，観光は，人々の心の中でなんらかの観光に出たいとする意欲・動機が起きることから始まる。これは，観光動機の中でもプッシュ要因といわれるものである。これと並んで，観光地のブランドを中心とした働きかけや，マス・メディアの広報などにより強い誘引作用を受ける。これは観光動機のうちでも，観光地に引き付けられる要因であるので，プル要因といわれるが，こうした動機の中でも特に後者のプル要因により，観光客では行くべき観光地についてイメージができる。それに基づいて行き先が決まり，日程なども確定すると，イメージはその観光地で実際に何ができるか，何を行うかという期待に変わる。

こうして観光地に来て、実際に観光行動をしてみて、期待は確認に変わる。確認には、実際が期待以上のものであった場合と、期待以下であった場合とがある。期待以上であった場合には、観光客満足は大で、観光客は、その観光地に再度行ってみようとしたり、知り合いに同地の事を推奨することなどを行ったりする。その観光地に対するファン的行為である。このファン的行為によって、その観光地のブランド力は向上し、強まる。

ブランドには、種々な考え方があり、詳しくは本書第13章以下を見ていただきたいが、結局、ブランド力は、そのブランド品を消費者が愛好し、購入するかどうかで決まるというのが、強い主流的考え方である。これは、顧客基盤ブランド理論といわれるが、観光事業を含めて、製品の提供者側である供給者は、ブランドを設定し、その売り込みに力を尽くすが、ブランド力を決めるのは、所詮、買い手、すなわち消費者である。

観光理論におけるブランドの問題では、観光地のブランドをどのように考えるかという大きな問題がある。1つの地域には、通常、いくつかの産業すなわち産物があるし、景観など風物も単純でない場合が多い。こうした地域ブランドは、とにかく対象地域の産物や風物をすべてカバーする地理的ブランドとして考えるのか、何か特徴的なものに的を絞ったテーマ的ブランドとして考えるのかという問題がある。この点は本書第16章で論じている。

本書は、以上のような基本的枠組みの上に、個々の問題や領域について論究しているが、次の2点を前提にしたものであることをお断わりしておきたい。

第1に、本書で観光というものは、日本（語）で一般に観光といわれるものだけではなく、（カタカナで）ツーリズムといわれるものや、さらに英語でtourismといわれるものも含んだものであって、日本（語）で一般に観光といわれるものより広い意味のものであることをお断わりしておきたい。

日本語でいう観光と、英語でいうtourismとは、確かに本書第1章で述べているように、範囲の上などにおいて異なるところがある。ごく一般的にいえば、日本語で観光（旅行）といわれるものには、ビジネス目的や、親戚・友人訪問目的のものなどは含まれないが、英語のtourismでは、これらも入る。英語の

tourismは，日本語の観光よりも概念が広く，日本語の観光はそれに含まれる。

したがって，日本語の観光も，英語のtourismも，自宅を一時的に離れ，所要の地を訪れ，帰宅するものである点では共通する。しかもこの点は，そうした旅行客が利用する，観光業といわれる交通機関や宿泊施設の立場では，しごく妥当なことである。というのは，これらの機関や施設では，利用客が観光客であるかどうかを問わず，同じ顧客としてなんら対応を変えることがないものであるからである。つまり，顧客がどのような者であるかは，これらの機関や施設にとっては，対応上，したがって経営上，区別を必要とする事柄ではないのである。

こうした点を考え，本書では，日本語の観光と英語のtourismには，内容的には，根本的に同一のものがあると考え，両者を同一なものとして扱っている。そしてそれを表記するのに，主として観光という言葉を用いているが，特に英語のtourismであることを示す場合などにはツーリズムと表記し，観光とツーリズムという言葉を特に区別することなく，適宜使用している。

第2に，本書は，観光を初めて学ぶ人を含めて，広く多くの人に容易に読んでいただくために，参照した文献の典拠個所を個別に示すことを割愛し，巻末に参照文献として一括して記載するにとどめている。関係各位の寛容あるお許しを願うものである。

現在における観光の世界的動向を考える場合，まず注目されるものに「ホープフル・ツーリズム」(hopeful tourism) の運動がある。これは，観光は何よりも，人々に希望や生きる元気をもたらすべきものであることを主張するものであるが，これを理念とした観光教育関係者の国際的運動は「未来志向的観光教育論」(Tourism Education Futures Initiative：TEFI) という形で進められており，その国際的大会は，アメリカや西欧中心に，毎年定期的に開催されている。

さらにイギリス等では，「ボランティア・ツーリズム」(volunteer tourism) の運動が盛んで，大きな流れとなっており，世界的にみると，観光では，自分だけ楽しめばいいという考えは，弱いものとなっている。さらに観光では，観光地の自然的および社会的な環境を破壊しないようにすることが不可欠である

という認識も高まっている。この問題は，本書では第22章で取り上げている。
　以上のような諸傾向は，日本の観光を考える場合にも十分考慮しておくべきことであり，本書は，こうした国際的動向も踏まえて，観光のさらなる発展に貢献するところが大であることを希求するものである。この観点から，本書は一時的な観光の個々の事例を紹介することよりも，観光の様々な分野で貫通する根本的な考え方を提示するところに視点をおくものである。大方のご高見，ご高評を切にお願いする次第である。
　本書は，和歌山大学の山本健慈学長はじめ多くの方々の一方ならぬお力添えによりようやく出来上がったものである。特に和歌山大学観光学部では山田良治学部長をはじめとする，事務局を含めたすべての人々から温情あるご高配を賜った。ここに深甚なる感謝の意を申し上げるものである。
　本書が世に出ることになったのは，何よりも同文舘出版株式会社社長　中島治久氏，同社取締役編集局長　市川良之氏の格別なご芳情の賜物である。出版事情が実に厳しいこの時期に，本書の刊行を引き受けて下さった同社のご厚情に心からお礼を申し上げ，同社のますますのご発展をお祈りするものである。

　　2013年3月

　　　　　　　　　　　　　　　　　　　　　　　　　　　大橋　昭一

目　次

執筆者紹介

はしがき

第1編　観光の現代的意義

第1章　観光の本義 ―― 3

1．日本の観光とツーリズム……………………………………3
2．日本における観光業の位置づけ……………………………4
3．英語のtourism…………………………………………5
4．観光の本義……………………………………………6
5．サービスとホスピタリティ…………………………………7
6．サービス行為の特色……………………………………8
7．観光についての3つの基本的アプローチ……………………9

第2章　観光という言葉の成り立ちと意義 ―― 11

1．観光という言葉の由来・変遷………………………………11
2．観光という言葉の定義について……………………………13
3．観光という言葉から看取される日本の観光の特色……………15

第3章　現代マス・ツーリズムの動向 ―― 19

1．マス・ツーリズム………………………………………19
2．日本におけるマス・ツーリズムの形成………………………20
3．旅行業とパッケージ旅行………………………………22

  4．マス・ツーリズムの旅行者……………………………………… 24

第4章　観光動機と満足 ———————————————————— 27

 1．観光動機とは……………………………………………………… 27
 2．観光動機と観光者心理…………………………………………… 28
 3．観光行動と観光者満足…………………………………………… 29
 4．観光者満足を形成するプロセス………………………………… 31
 5．選ばれ続ける観光地とは………………………………………… 32

第5章　景観問題と観光 ———————————————————— 35

 1．本章の課題………………………………………………………… 35
 2．美意識の発展と景観問題………………………………………… 36
 3．利用競合と景観問題……………………………………………… 38
 4．景観まちづくりへの期待………………………………………… 41

第6章　観光と都市デザイン ————————————————— 43

 1．都市観光とは……………………………………………………… 43
 2．都市観光の重要性………………………………………………… 44
 3．都市観光空間の創出と空間の消費……………………………… 46
 4．都市デザインと都市観光の関係性……………………………… 48

第7章　農村と観光 —————————————————————— 51

 1．農村ツーリズムとは何か………………………………………… 51
 2．都市・農村問題と農村ツーリズムの発展……………………… 52
 3．グリーン・ツーリズムの今日的意義…………………………… 57

第8章　観光と文化 ―― 59

1. 文化論的転回と観光研究……………………59
2. 観光客のまなざし……………………………60
3. 出会い…………………………………………61
4. 境界性…………………………………………63
5. ポジショナリティ……………………………65

第9章　ミュージアムと科学コミュニケーション ―― 67

1. ミュージアムの定義…………………………67
2. 観光資源としてのミュージアム……………68
3. 生まれ変わるミュージアム…………………69
4. 科学コミュニケーションの必要性…………70
5. 科学コミュニケーション略史………………71
6. 科学コミュニケーションの特異性…………72
7. 現実の問題と科学コミュニケーター………73

第10章　観光情報システム ―― 75

1. 観光と情報……………………………………75
2. インターネットの特性と観光への影響……77
3. 観光の形態の変化とICTの役割……………80

第11章　観光地の栄枯盛衰と観光戦略 ―― 83

1. 観光地の栄枯盛衰……………………………84
2. 観光戦略の考え方……………………………88

第12章　宇宙と地球の観光―――――――――――――――91

　1．宇宙をテーマにした観光………………………………… 91
　2．宇宙への旅行……………………………………………… 93
　3．ジオツーリズム…………………………………………… 94
　4．ジオパーク………………………………………………… 95
　5．ジオツーリズムの本質的な困難………………………… 97

第2編　現代の観光とブランド

第13章　ブランドの現代的役割―――――――――――――101

　1．ブランドとは何か………………………………………… 101
　2．出所の明確化と品質保証機能…………………………… 102
　3．商品の差別化とブランド………………………………… 102
　4．ブランドという言葉の二重性…………………………… 104
　5．価値あるブランドとは…………………………………… 105
　6．ブランド・ロイヤルティ………………………………… 106
　7．ブランドの現代的役割…………………………………… 108

第14章　ブランドと言語・コミュニケーション
　　　　――コミュニケーションとしての「翻訳」―――――109

　1．本章の課題………………………………………………… 109
　2．翻訳論と言語学の背景…………………………………… 110
　3．文化翻訳…………………………………………………… 112
　4．同化と異化………………………………………………… 114
　5．おわりに―翻訳論の広がり……………………………… 115

第15章　ブランドの法律的意義 ―――――――――――――117

1．商標制度の概要………………………………………………117
2．団体商標，地域団体商標……………………………………119
3．立体商標………………………………………………………120
4．新しいタイプの商標…………………………………………122

第16章　観光地ブランドの２側面
　　　　　――地理的ブランドとテーマ的ブランド―― ――――125

1．「観光地ブランド」の考え方…………………………………125
2．観光地ブランドの特性………………………………………126
3．地理的ブランド（geographic brands）……………………127
4．テーマ的ブランド（thematic brands）……………………130
5．地理的ブランドとテーマ的ブランドの連関………………131

第17章　観光とブランドデザイン ―――――――――――――133

1．地域・観光を表すビジュアル・アイデンティティ………134
2．ブランドデザインの流れ……………………………………134
3．ブランドデザインの実践……………………………………135
4．地域・観光ブランドデザインの課題………………………140

第18章　観光と音楽
　　　　　――ブランドの観点から―― ―――――――――――141

1．考察の観点……………………………………………………141
2．マーケティングからみた音楽会……………………………142
3．音楽ブランドの特性…………………………………………145
4．戦後世界のブランドと考えられる指揮者とオーケストラ……146
5．戦後日本のブランドと考えられる指揮者とオーケストラ……147

6．音楽の役割……………………………………………………148

第19章　観光地ブランド形成におけるホテルの役割 ── 149

　　1．ホテルとその分類………………………………………………149
　　2．観光地ブランド形成におけるホテルの役割……………………150
　　3．観光地ブランド強化におけるホテルの役割……………………152

第20章　観光地ブランドと地域づくり ── 157

　　1．本章の立場………………………………………………………157
　　2．景観・町並みの保全・活用と観光地ブランド…………………158
　　3．多様な地域資源の継承と活用……………………………………159
　　4．生活者が創る観光………………………………………………161
　　5．新たな協働体制の構築…………………………………………162
　　6．おわりに：「観光地ブランド」から「地域ブランド」へ………163

第21章　食料・農業と地域ブランド ── 165

　　1．食料・農業をめぐる今日的問題と都市農村関係………………165
　　2．日本型グリーン・ツーリズムと農産物直売所…………………168
　　3．農産物直売所における地域ブランドの構築・管理・展開可能性
　　　　―JA紀の里ファーマーズマーケット「めっけもん広場」を事例に―………170

第22章　環境責任とブランディング ── 173

　　1．環境責任という考え……………………………………………173
　　2．環境倫理の基本は地球有限論，世代間（世代内）公正，生態系倫理
　　　　にある………………………………………………………………173

3．環境責任の社会性……………………………………………175
　4．観光における環境責任………………………………………176
　5．環境責任ある観光地：オーストラリアの例から…………177
　6．今後の展望……………………………………………………180

第23章　観光地ブランドの評価 ―――――――――――――― 181

　1．観光地ブランドの評価とは…………………………………181
　2．カントリー・ブランド・インデックス（Country Brand Index：CBI）
　　　………………………………………………………………182
　3．観光ブランド力調査…………………………………………184
　4．都市観光地（街なか）の魅力度評価調査…………………185
　5．コンジョイント分析…………………………………………186
　6．さらなる課題…………………………………………………188

参考文献一覧…………………………………………………………189
索　　引………………………………………………………………197

第 1 編　観光の現代的意義

第1章
観光の本義

　本書では、冒頭の「はしがき」で断っているように、日本語の観光、（カタカナの）ツーリズム、英語のtourismには根本的に共通するものがあると考え、これら3者を区別せず、原則としてすべてを観光と表記することにしているが、ここでは、こうした意味での観光とは何かを明らかにするため、まず、土台をなすこれら3つの言葉が持つそれぞれの意味を概述することから始めたい。

1．日本の観光とツーリズム

　日本語の観光の場合、それが何を意味するかについては、後述の統計的把握の場合を除いて、明確に規定された、準拠すべき定義や規定はない。観光には、例えば「観光立国推進基本法」などの法律があるが、観光とは何かについて定義や規定はなされていない。それ故これは、それぞれの人が、自分の考えにより規定すればいいものであるが、ごく一般的には、主に次のような特徴がある。

　まず第1に、観光は、どこか（観光地）を訪れることであって、とにかく自宅を離れ、帰ってくることである。例えば観光地について本で読んだり、テレビで見たりするのは、読書やテレビ視聴であって、観光ではない。第2にその場合、観光地に行くのが、仕事など（例えば行商、会議参加、研修等）のためのものは観光とはいわない。所得を得るためや、あるいはそれに関連した行為などは観光ではない。観光は、自由（余暇）時間に所得の消費を行うものである。第3に、親戚や友人を訪れるだけのもの（例えば帰省旅行）も観光とはいわない。第4にその場合、観光地は特定の所だけをいうものではない傾向が強い。

　他の諸点を補足して定義的に表現すると、日本でいう「観光とは、人々が非日常的な風物や名所などを訪れたり、気晴らしや保養のため、自宅などの定住

的場所から一時的に離れて行う自由時間における消費活動」ということになる。

次に，日本語でいうツーリズム（ツーリスト）は，観光より意味がやや広く，旅行者というニュアンスが強い。例えば近年はやりの「医療ツーリズム」は，主として医療のため他国に行ったりするものであるが，これは「医療観光」とはいわない。「医療観光」というと「医療ツーリズム」とは意味が異なるものとなる。この点ではツーリズムは，英語のtourismと類似したところがある。

2．日本における観光業の位置づけ

観光（ツーリズムを含む）は，自宅を一時的に離れて観光目的の場所に行くことであるから，観光が可能であるためには，観光目的となるもの，すなわち観光資源があるほか，そこに行く交通手段（道路を含む）や，休憩や食事をする食堂などの施設，さらには宿泊施設などが必要な場合が多く，これらの事業を合わせて観光業という場合が多い。

ところが，観光業の範囲や位置づけは，日本では明確ではない。例えば，産業別（職業別）就業者数（人口）を集計する場合準拠すべきものとして公的に定められているものに「日本標準産業分類」（総務省統計局作成：現行は2008年4月実施）があるが，この中には「観光業」という業種名はない。

これは，1つには，観光に従事する交通業や宿泊業でも，利用者全部が観光客であるとは限らず，業種全体としては，観光業とは言いがたいためである。そもそも，その利用者が観光客であるかどうかも，交通業や宿泊業の個々の企業では，結局，利用者に聞かないとわからない。しかしこのことは，実際にも「観光業」といっていいものがないことをいうものでは毛頭ない。「観光業」の定義は，観光の定義同様，定義する人に任されているということである。

しかしその場合，交通業や宿泊業では，利用者が観光客であるか否かによって，対応を変えることがない（変える必要がない）ことが注意されるべきである。利用者すなわち顧客がどのようなものであるか，つまり観光客であるかどうかは，交通業・宿泊業などの企業にとっては，顧客対応上，したがって経営上，無関連の事柄であるが，このことは他方，観光業，したがって元となる観光客

の統計的把握では，それを掌握できる定義が必要になることを意味する。

3．英語のtourism

　日本では，観光にあたる英語はtourismとされる場合が多いが，両者は，範囲の上などでは異なるところがある。もとより英語のtourism（以下日本語のツーリズムと区別するためtourismと表記する）でも見解は多様で，一義的なものがあるのではない。ただしtourismでは，その動向把握のため，tourismについて，世界共通的な統計上必要な定義をする試みが比較的早くからなされてきた。

　現在それは，世界的機関である「世界観光機関（World Tourism Organization：現在の正式略称はUNWTO）」を中心になされているが，そこで目につくことは，ツーリストとは，「余暇，ビジネス，その他類似の目的をもって，定住的場所から離れて旅行し，訪問国の滞在を合わせて旅行時間が1年未満で，現地での報酬稼得を目的としないもの」と定義されていることである。この場合，滞在が24時間以内の者は「日帰りツーリスト（day visitor）」といわれる場合もある。ただし以上は，正確には，国際的ツーリスト，すなわち国境を越えてtourismする者をいい，UNWTOでは国際訪問客（international visitor）とよんでいる。

　これに従い，日本の国土交通省観光局の「観光入込客統計に関する共通基準」（2009年）では，「観光とは余暇，ビジネス，その他の目的のため，日常生活圏から離れ，継続して1年を超えない期間の旅行または滞在の活動」，「観光入込客とは，観光地での滞在が報酬を得ることを目的としない者」と定義している。統計面では日本の観光と英語のtourismでは違いがないものとなっている。

　こうした観光やtourismの広い捉え方は，統計実践上やむをえないところがあり，統計上の定義と，他の用途のための規定や用法とは別物と考えればいいものであるが，しかし，海外のtourism論者では，これに応じて，縁者・友人の訪問旅行者や，仕事や研修目的の旅行者も含めて，touristと規定しているものが比較的多い。これらを区別することは，前記の観光業の位置づけで述べたように，理論的にも，tourismの規定上必要がないと考えているからである。

　一方，海外のtourismの考え方や研究で特徴的なことは，tourismは，とにか

く旅行に出て，滞在するものという点に重点を置いたものが比較的多いことである。これは，西欧等では有給休暇期間が比較的長く，しかも休暇客は一定場所に比較的長く滞在する傾向が強いことを反映したものであるが，日本で観光というと，観光資源を観て回るというニュアンスが強いのとは対照的である。

4．観光の本義

　ここでは，以上をふまえ，英語のtourismを含めて観光の本義はどこにあるかを考えることにするが，この場合には，英語のtourismについても，例えば，イギリスの著名な論者，アーリ（Urry, J.）のように，人間が他の土地に観光（以下英語のtourismも含む）で行くのは，そこには日常的に観ることや経験できないものがあるからであると説明しているものもあることが大いに参考になる。

　アーリは，観光目的となる風物や名所などの観光資源は，それが所在する地元の人には，日常的にあるものであるから，改めて出向くことはないが，他の所の人には，それは非日常的なものであるから，観光に出向く。これは端的には，同じ風物や名所でも，地元の人と，他の所の人とではそのものに対する「見る目」，「まなざし」（gaze）が異なるため，観光が起きるというのである。それ故観光は，一言でいえば，「非日常性を求める行為」ということになるが，これなどは，日本でいう観光の定義・規定にそのまま妥当するといってもいい。

　これからいっても，観光は，簡単にいえば，「日常的な生活から離れ，他の土地で所得の消費活動を行うこと」であるが，ここで強調したいことは，観光は，所得の消費といっても，物品購入の場合と根本的に異なる点があることである。物品の場合は，通常，生産された所（工場等）から，販売される所に物品が運ばれ，買い手（顧客：消費者）は生産地まで買いに行くことはない。

　これに対し観光では，観光対象（観光資源等）は，原則として，その所在地から動くことがない（動けないものである）から，それを観たり体験しようとする顧客の方で，観光対象のある場所に，すなわち観光地に行かなくてはならない。つまり，観光では，観光対象は動かないから，顧客すなわち人間が動かなくてはならない。この「人が動く」ことこそが観光の本義であり，したがって観光

（業）の仕事は「人を動かす」ところに本義がある。ここに観光の原点はある。

　次に，観光の本義・原点は，その業務の実体からすると，多くがサービス行為とホスピタリティ行為であるところにある。ちなみに，通常の産業（職業）分類によると，宿泊業はサービス業に属すものとなっている。

5．サービスとホスピタリティ

　サービス業には，宿泊業のほか，娯楽業，医療，教育，宗教，さらには弁護士・会計士の仕事なども含まれる。では，サービス業の特色は，どこにあるか。

　人間の消費生活は，所得（端的には貨幣）を支払って，生活に必要なものを得ることによって成りたっているが，税金の支払等を別にすると，生活維持のために貨幣の支出を行う場合は，大別すると，2者に分かれる。1つは，なんらかの小売店に行って，有形物である物品（商品）を購入する場合である。今1つは，音楽会に行ったり，旅館に泊まったりする場合である。後者の場合には，小売店で物品を買うような意味で，物品を入手することはない。これらの場合には，音楽の演奏や泊めてもらうことに代金を払っているのであり，これらの事柄が，一般にサービス（製品）といわれるものである。この場合には，小売店における物品購入の場合とくらべて，さらに次のような根本的な違いがある。

　小売店すなわち商業では，物品の売買により物品の所有権が買い手（顧客）に移り，買い手はその所有者として自由に使用，処分できる。しかし，サービス製品の場合，例えば旅館での宿泊の場合などにはそうした事はない。宿泊客は，その室を利用できるだけで，利用者の物とはならない。宿泊代金はその室の利用料であるに過ぎない。この点は，交通業にも妥当する。交通機関で支払う交通代金は，運んでもらう区間についての当該交通機関の利用料である。

　サービス製品の場合，支払代金の内容は2つの部分に分かれる。サービス行為をしてくれた人の働き（労働）に対する報酬的支払いと，サービス行為の際用いられた物品（用品・設備・施設等）の利用料とである。ただし，この両部分の割合は，サービス製品のいかんにより異なる。旅館宿泊のような場合には，利用料部分が多いが，音楽会などの場合は，演奏行為の報酬的部分が多い。こ

うした演奏行為は，当該サービス製品を作り上げ構成するところの，その人が本職として遂行する専門的な仕事で，これがサービス行為（労働）である。

これに対しホスピタリティは，英語では，大別して，2つの意味がある。1つは，この言葉の本来の意味である「お客を親切にもてなす」という場合である。今1つは，人間が自宅外で食・住等を求める場合その提供を行うもの，具体的には，ホテルやレストラン等をいう場合である。これらの業種がホスピタリティ産業とよばれるようになったのは，これらの事業の関係者が，その仕事の場所を「お客を親切にもてなす所」と表現するようになったからである。

ホスピタリティは，前者の意味では，その実体は要するにサービス行為を行う人間の労働の一部である。ただし，ここでいう人間の労働行為には，前記の専門的能力の発揮である部分（その人の本職の仕事としてのサービス労働）と，相手（お客）に親切な行動をとる部分とがあり，後者がホスピタリティといわれるものである。音楽家でいえば，本職としての演奏行為は前者であり，ファンの求めに応じてサインをしたり，愛想のいい行為をしたりするのは後者である。

6．サービス行為の特色

ホスピタリティを含め，サービス行為の本質的特徴は，次の4点にある。

第1に，サービス行為は，教育行為や宿泊行為などをいい，本質的には抽象的で無形なものであることを特徴とする（サービス行為の無形性（intangibility））。しかし，抽象的で無形なものは，その実体を他人に分かってもらうのが実に困難であるから，それを何か有形のもの，例えばブランドで表すことが必要になる。これは「無形性を有形化する」（tangibilize the intangible）原則といわれる。

次に，サービス行為は，その実行者の行動に依存し，行為と実行者とが分離できないところに特徴がある。これは，サービス行為の非分離性（inseparability）であるが，サービス行為は，ある人に付着した特定の行為であるから，サービス業では，物崇拝ではなく，人崇拝（例えばスター崇拝）が起きることが多い。

このことは，サービス行為が，非一律的で，標準化が極めて困難であることを意味している。これは，サービス行為の第3の特徴で，通常，サービス行為

の不均質性(heterogeneity)といわれる。サービス行為は人間が行う限り，人が異なれば無論のこと，同一人でも，全く同一の行為を再現できるのは難しい。

　サービス行為の第4の特徴としては，サービス行為は，発生(すなわち生産)と同時に消失し，保存ができないことが挙げられる。これは，サービス行為の「生産即消費性」といわれ，かつ，サービス行為の「消滅性」(perishability)といわれるものであるが，物品と異なる重要な特徴点である。

　物品の場合は，有形の生産物として生まれ，保存ができて，別の時に消費したり，他人に譲ったり売ったりすることができるが(生産と消費の分離)，サービス行為ではそれができない。例えばプロ野球観戦で選手がホームランを打ったりする実際の行為は，その生産の瞬間でないと見られない。

　このことは，ホテル経営のような場合，重大な結果をもたらす。物品販売の場合には，ある日仕入れて売れなかった物は，保存しておき翌日に繰り越し，翌日用に仕入れた物にプラスして売ればいい。しかし，ホテルの場合にはそうはゆかない。例えば50のルームがあって，ある日空室があっても，その分を翌日に繰り越して，翌日のルーム数を「50プラス繰り越しルーム数」とすることはできない。翌日もルーム数は50のままで，前日の空室分は消滅してしまうのである。これは，定期的路線的交通機関などにも妥当する。

7．観光についての3つの基本的アプローチ

　観光について考える場合のアプローチには，基本的には，次の3者がある。

　第1は，需要者側から考えるものである。その原点は，観光に出たいとする欲求が人間に起きるところにあるが，その根源には，大別し2つのものがある。「現実の日常性から脱却・逃避したい願望」と，「何か新しいことを観たり行いたい願望」である。これが観光動機のプッシュ要因，プル要因の中に現れる。プッシュ要因，プル要因については，本書「はしがき」の説明をみられたい。

　第2は，これと対照的に，供給サイドから考えるものである。原点は，こうした仕事に従事する観光業は，基本的には，上記で述べたサービス(業)であるところにある。観光資源となる名所・旧跡でも，その観賞行為は抽象的で無

形のものである。有形化の手段であるブランドの確立が肝要となる。

　第3は，観光を需要側と供給側との総合と考え，観光には通常の物品購入とは根本的な相違点があることを前面に置くものである。それは観光の場合，通常の物品購入の場合とは異なり，いくつかの種類の異なった産業・企業の用役を結合的システム的に利用するものであることを立脚点とするものである。

　観光のこうした諸段階性は，航空機利用のような遠距離観光の場合，大別して次のような段階があることをいう。①「準備段階（旅行取扱店での切符の入手など）」→②「観光目的地への往路段階（航空機の搭乗段階など）」→③「観光目的地での滞在段階」→④「帰路段階」→⑤「帰宅後の整理段階」。

　この場合，段階のいかんにより，対応する産業・企業も異なるから，観光客が受ける満足・不満も，段階ごとに別々に生まれる。例えば旅行取扱店での満足・不満と，航空機搭乗・機内サービスの満足・不満とは，全く別物で，両者は連動しない。逆に，これらの段階は，相互に無関係であるが故に，不満・満足は相殺されうることがある。例えば旅行取扱店で不満があっても，航空機企業の対応に満足の場合，旅行取扱店での不満は忘れられてしまうことがある。

　他方，このことは，観光客としては，各段階が有機的に準備され，各段階担当の諸産業・企業が，さも1つの産業・企業であるかのように仕事上結ばれていることを必要とする。つまり，観光に関与する産業・企業は，企業形態上は別々のものであっても，1つの観光企業であるかのような存在であることが望ましいことになる。したがってこの立場は，一般に観光システム論といわれる。

　総括的にいえば，観光は人間生活の移動であって，人間生活の全領域にかかわり，しかも種々な局面があるものであるから，観光を人間生活の総合的領域と考え，研究上でも，旧来からの学問の分業体制にとらわれることなく，社会科学，人文科学，自然科学も含めた新しい総合的分野と考える必要がある。海外では，それ故，これまでのインター・ディシプリナリといわれる学際的研究のレベルを超えた，新しい形の諸学問の協働体制であるポスト・ディシプリナリ（post disciplinary）の考え方が必要というのが，主流的見解になっている。

（大橋昭一）

第2章
観光という言葉の成り立ちと意義

　第1章で，観光，ツーリズム，tourismの3つの言葉が持つ意味が示された。本章では，今まで日本において観光という言葉がどのようなところで使用され，現在どのような意味で用いられ，定義されているのかを概述する。また日本における行為としての観光がどのようにしておこり，それが発展し，産業化してきたのか，またその弊害から，どのような新しい観光の流れが認められるかを概観し，日本の観光の特色を明らかにする。

1．観光という言葉の由来・変遷
　観光という言葉の由来には次の説が存在する。中国の古典『易経』の六四爻辞（りくしこうじ）の「觀國之光，利用賓于王」（訓読みで，国の光をみるは，もって王に賓たるによろし）」に由来するというものである（溝尾，2009）。「観国之光」とは，「国の光を観る」，つまり「他国の優れた文物を見る」，したがってまた，「自国の優れた文物を示す」。その意味で国威を発揚するとして，幕末・明治初期のころには観光は「国威を示す」という意味で用いられていたと（大橋，2010a）される。
　これに対して上田（2005）は，従来の「観光」が『易経』からの造語であるとする説よりは，『春秋左氏伝』の中の「観国之光，利用賓于王」の注釈によって「観光」という言葉が生れて広まったとする方がより実態に即していないだろうかとしている。その根拠として，江戸時代に用いられた『春秋左氏傳』の，荘公二十二年の項に「観」の六四爻辞，「觀國之光，利用賓于王」が引用されており，江戸中期以降，叙事体古文を『春秋左氏傳』から学び始める漢学界の習慣があったことから，江戸時代に「観光」という語が存在し，藩校や私塾な

どで教えられており，語彙としては普通のものであった可能性が確かめられたとしている（前掲書）。

また北川(2008)は，次のように説明している。中国の周の時代の易学の書『周易』の風観にある観の卦を出典とし，「観国之光，利用賓千王」の意味は，この運勢の人は「例えば，国王が広く人材を集め，国の光，国の名誉ともなるべき賢人や秀才を探しだし，招待して親しくこれに会い，客としてもてなすといった場合に，その招待される人となるような，吉運に出会うであろう」という意味である。ここに，その国の光であるところの，素晴らしい人物に出会うとの意から「観光」の語が誕生し，のち「一国のすぐれた風物や文物を観る」という「視察」の意味と，「観」の字には「みる」とともに「しめす」の意もあるので，一方では「観光」とは「国の光を他国にしめす」という意味も含むようになった。20世紀になり「tourism」の語が伝来すると，これに「観光」という語をあて，このような解釈をすることになったとしている。

ちなみに中国では，観光という用語は一般的ではなく，「旅游」もしくは「遊覧」が用いられるようで，観光学は旅游学と表記される。

次に観光という語の使用について，上田は，観光の歴史的用例として1482（文明14）年頃から1930（昭和5）年までの間で，21例が判明したとしている。その例の中で，夏目漱石の全集においても使用例（「観光団」「観光」）を発見している。さて，どういった経緯でどのような含意を持ち各々の名称に使用されたのかはさておき，複数の文献でも紹介されている例等を中心に，いくつかの用例を挙げておく。まず1855（安政2）年に徳川幕府がオランダより寄贈された軍艦スームビング号（Soembing）をその翌年の1856年に「観光丸」と命名したとしている。また1863（元治元）年，下野国（現在の栃木県にあたる）佐野藩主の堀田正頌（ほったまさつぐ）は，藩校「観光館擇善堂」を設立し，そこでは積極的に洋学を入れたとされる。

明治時代には，外国人が旅行などで来日するようになり，日本政府は外国から来る人を「外国人観光」「外人観光客」とよぶようになる。1893（明治26）年，渋沢栄一らによって，漫遊外客の接遇斡旋を目的として喜賓会（welcome society）が設立され，設立目的には「遠来の子女を歓待し旅行の快楽，観光の便利を享受せしめ」と記されている（中村，2006；北川，2008；溝尾，2009）。

　その後1912（明治45）年には，外客誘致機関として，ジャパン・ツーリスト・ビューローが創設された。これは半官半民の団体で，鉄道院，南満州鉄道，朝鮮鉄道，台湾鉄道，日本郵船，東洋汽船，大阪商船，帝国ホテル，帝国劇場，外客相手の商店（三越，髙島屋など）等が参加して設立された。会の名称としては，その草案に「国際旅客奨励会」「観光局」「外客集致会」「漫遊客奨励会」「日本観光奨励会」等があったが，外国人向けということでジャパン・ツーリスト・ビューロー（Japan Tourist Bureau）に落ち着いたとされる（中村，前掲書）。

　また国の観光行政組織として，外客誘致を目的として，1930（昭和5）年，鉄道省の外局として「国際観光局」が設置された。当時，国内観光を所掌する部局はなく，観光を所掌する部局は，国際観光を所掌する部局として設けられ，その後，1932年，国内観光事業者の全国組織である日本観光地連合会ができ，1936年に，国際観光局，鉄道省運輸局，内務省衛生局，京都市，東京市が，同連合会を統制すべく日本観光連盟を組織し，「国際としての観光政策は，国際観光政策が国内観光政策に先行」していたとしている（中村，前掲書）。このように，明治時代から1930年頃における観光は訪日外国人を対象とするインバウンド観光が中心であったことが，観光の語を組み込んだ名称の用例に見られる。

　その後，「1936年に戦時体制に入ってから，観光の使用は途絶えてしまった」（溝尾，前掲書）とされるが，戦後には「法律の中において，1949年から1950年にかけて，国際観光文化都市，運輸省観光部，観光事業審議会等に使用され，その他にも観光白書，全日本観光連盟，日本観光旅館連盟など観光の言葉がひんぱんに現れて定着してきた。観光旅行という用語もごくふつうに使用されるようになった」（溝尾，前掲書）とし，観光が現在のような意味で使用される例が世の中に流布するのは第2次世界大戦以降だとしている。

2．観光という言葉の定義について

　一般的な観光の意味は，辞書上では「他の土地を視察すること，また，その

風光などを見物すること」(『広辞苑第6版』)と記されている。他方,英語のtourismは,"Tourism is the business of providing services for people on holiday, for example hotels, restaurants, and trips."(コウビルド新英英辞典),"The commercial organization and operation of holidays and visits to places of interest"(オックスフォード英英辞典第2版改訂版)と記されている。日本語では「他の場所への移動」という行為のもと,「移動した目的地にある観光資源を見る」という点で,英語のsightseeingに近いが,tourismは,"the business of …"や"the commercial organization and operation of…"の語で説明されているように,休日を過ごす人々に提供されるホテルやレストランや旅行(trip),あるいは興味を喚起する場所(観光名所)への訪問(visit)を扱う「観光業」に焦点があてられているようである。

次に『観光キーワード事典』(松蔭大学観光文化研究センター)では,「観光は日常語としては楽しみのための旅行や見物のための旅行を指すのが一般的」としながら,観光の定義については,「内外の観光研究者により何種類も試みられているが,現在のところ「日常生活を離れて行う…」という表現以外は共通点が見出せていない」,また「観光立国推進基本法をはじめ観光という用語が使用される法律は少なくないが,いずれの法律でも観光の定義はなされていない」としている。

他方,第1章で述べられたように,英語のtourismに関しては,「UNWTOによるTSAの構築過程において,国際的な合意に基づく定義が一定水準で得られており,TSAに基づく観光統計の整備などの定量的研究に大きな貢献がなされている」(佐竹,2010)。世界観光機関(UNWTO)は「人がレジャー,ビジネスまたはその他の目的で連続して1年を超えない期間,日常生活圏を離れて旅行し,旅行先で報酬を得ることを目的とせずに滞在する活動」とし,ビジネスなども目的に含み,期間を定め,日常生活圏を離れるという空間を示し,報酬の有無にも言及している。これは,楽しみや見物を目的とした旅行という意味で捉えられる一般的な日本語の観光より,広義の定義となっている。

この点を踏まえ,公的にはどのように観光を捉えているのか,政府の諮問機

関である観光政策審議会答申をみてみる。まず1970（昭和45）年，内閣総理大臣官房審議室編『観光の現代的意義とその方向』では，「観光とは，自己の自由時間（＝余暇）の中で，鑑賞，知識，体験，活動，休養，参加，精神の鼓舞等，生活の変化を求める人間の基本的欲求を充足するための行為（＝レクリエーション）のうち，日常生活圏を離れて異なった自然，文化等の環境のもとで行おうとする一連の行動をいう」としている。

次に1995（平成17）年答申第39号では，「余暇時間の中で，日常生活圏を離れて行う様々な活動であって，触れ合い，学び，遊ぶということを目的とするもの」（運輸省運輸政策局観光部1995）としている。いずれも，日常用語としての観光より広い意味での観光を指し，時間，空間，目的が示されている。時間という点では，UNWTOのように期間を定めるのではなく，個人の余暇という時間枠の中でのこととしているが，空間という点では，UNWTO同様に日常生活圏を離れて，としている。目的については，UNWTOとは異なりビジネスを含まず，したがって報酬の有無には言及していない。

3．観光という言葉から看取される日本の観光の特色

江口（2009）は，「観光は，一時的に家を出て，異なった空間へ移動して何か新しい刺激を経験し，再び家に戻るまでの一連の行為をさす。（略）この観光は人間の心理，文化，経済，宗教など多様な側面と関連した複合的，総合的な現象である」と述べているが，人間の心理，文化，経済，宗教等の様々な側面と関連した，今日的意味での観光の萌芽は歴史的にはいつ頃見出されるであろうか。

北川（2008）は，「19世紀後半には，観光と同義の語として「漫遊」や「遊覧」の語があった。「漫遊」という語は，各地を歩き遊ぶことで，江戸時代から使用されていた「物見遊山」と同意で，今日の「観光旅行」という意味である。花見など近郊での「遊覧」という語は，今日での「観光レクリエーション」や「行楽」という意味で，これらの行動がのちに「観光行動」とよばれる現象となる」としている。したがって歴史的にさかのぼると，それは7世紀頃，支配

者層から始まった花見や温泉に起源がみられる。平安時代には貴族たちは詩や音曲とともに桜を愛で，野山に桜を訪ね歩くという風雅な遊びを行った。

　他方，庶民の観光としては，平安中期の信仰を目的とした旅である「熊野詣」が挙げられる。熊野詣は，参拝者の数の多さをありの行列に例え，「蟻の熊野詣」といわれるほど盛況であったが，室町時代になると，険しい山道を行く熊野詣から平坦な道を行く伊勢神宮へと参拝の場が移っていく。

　江戸時代には，街道や宿場などの整備が進み，さらに多くの庶民が移動するようになる。この頃は各地に関所が設けられていたが，信仰が目的のお参りは基本的に手形発行が認められた。また「御師（おし）」とよばれる布教する人達が現代の旅行業者のような役割を果たし，各地を回り，何人かでグループを作り資金を積み立ててお参りに行くという「講（こう）」を組織し，伊勢参詣の大流行につながった。熊野詣とは異なり，お参りを建前として，珍しいものを見る，食べるなどの楽しみも加わった。この点に現在の観光の原点をみることができるのではないか。信仰を目的とした旅に，信仰以外の楽しみとしての観光目的が生まれ，さらに「講」は日本の旅行形態の特徴の1つである団体旅行の形態を成していた。

　明治時代になると，鉄道などの整備および旅館やホテルの建設も進んだ。先述のように，戦前までは外客誘致の国際観光が国内観光に先んじていたとはいえ，人が自由に移動できる時代となり，一層楽しみを主たる目的とした観光への変遷がみられる。

　次に日本における観光の大衆化，すなわちマス・ツーリズムの普及はいつ頃始まったのか。それは第1次世界大戦後の大正末期近くに始まり，第2次世界大戦後の高度経済成長に伴い1960年代に急成長する。国際観光についても，1964年の日本人の海外渡航の自由化とともに，国外へ出かける人の数は増加する。

　マス・ツーリズムは，それまで観光をする機会のなかった人々に観光を容易なものとしたが，それに伴い様々な弊害も発生させた。大勢の人々が団体で観光地へ押し寄せるようになり，自然，文化財，景観などの破壊，騒音，交通渋

滞など負の影響をもたらした。1980年代，それへの反省から，マス・ツーリズムに代わる，新しい観光が注目されてきた。それは，「マス・ツーリズムに代わる新しい観光」という意味で，代替の観光＝オルタナティブ・ツーリズム（alternative tourism）とよばれる（山下編『観光学キーワード』）。これは観光の形態の総称であり，具体的には，エコ・ツーリズム，グリーン・ツーリズム，ルーラル・ツーリズム，アグリ・ツーリズム，ソフト・ツーリズム，スペシャル・インタレスト・ツーリズム（special interest tourism：SIT）など，それぞれに特徴を有する多様なツーリズムとして登場してきた。またオルタナティブ・ツーリズムと同様に，マス・ツーリズムが観光地に生じた様々な負の影響を省みて，「持続可能性」をキー概念として，環境や文化も含む地域固有の観光資源は，現在から次世代へと受け継がれていくべきものとするサステナブル・ツーリズムが生まれてきた。

　このような新しい観光とよばれる多様なツーリズムでは，観光客はマス・ツーリズムの団体旅行にみられる受動的な観光者ではなく，個々の目的や興味に応じた能動的な観光が展開される。例えば日本におけるグリーン・ツーリズムは，地域振興の一環として農山村地域での収穫体験や農作業体験などが実施され，その体験を通して地域の自然や文化ならびに人々との交流を楽しむ滞在型の余暇活動である。このような新しい観光について，安村（2006）は，「"みる"観光から"する"観光へとも特徴づけられる」と表現している。ホストとして受け入れる側の地域に経済的な効果を及ぼすとともに，地域の活性化や再生につながることが期待され，地域住民の満足にもつながるものである。

　日本の観光は，マス・ツーリズムも存在しつつ，観光客が観光地を訪れるという一方向的なものから，観光対象が多岐に広がりをみせ，訪問者と受け入れ側である地域社会との相互交流が深まり，訪れる人とそこに暮らす人の双方にとって満足を生むものへと変わりつつある。これが観光は感幸であるとたとえられるゆえんであろう。さらに新たな観光が展開され，日本独自の様々な言葉を冠するツーリズムが生み出される可能性がうかがえる。

　最後に，観光という概念は時代によって異なり，わが国において明確で統一

された定義はまだ確立されているとはいえない。したがって観光をいかに定義するかには様々な考えがあることを踏まえておく必要がある。加えて，今後，日本の観光がどのような変化や進展を見せるのか。多様なツーリズムの出現とともに，その在り様を映し出す鏡として，「観光」という言葉が包摂する意味がこれからも変化していく可能性を踏まえておく必要があるだろう。

（東　悦子）

第3章
現代マス・ツーリズムの動向

1．マス・ツーリズム

　マス・ツーリズムとは，観光の大衆化，大衆化された観光のことをいう。以前は，観光を享受できるのは，有閑・富裕層や特権階級のみであったが，大衆にも普及する社会状況になってきた。観光が，このように特権階級のみならず，大衆も享受できるようになったのは，望ましいことといえるが，反面，大量の人が押し寄せるため，自然や文化財の破壊，観光地の文化の変容などを引き起こし，これらが，マス・ツーリズムの弊害と批判される。

　このマス・ツーリズムが進展したのは，第2次世界大戦から復興した，米国，西欧，日本などの先進国で，とりわけ大量生産，大量消費による経済発展が進んだ1960年代に多くの観光者が発生した。1960年代は，ジェット機が就航し，国際マス・ツーリズムが進展したのである。一方，政府や地方公共団体も国民厚生の増大と地域開発の促進から観光を推進する諸方策を取り「観光の社会的支援」と「観光の政策的普及」を行った。これらは，ソーシャル・ツーリズムとよばれている。

　マス・ツーリズムを可能にするのは，大量輸送機関，大量集客施設の存在である。そして，大量輸送機関，大量集客施設をシステム化し，より旅行を低廉化，大衆化したのが，旅行商品，とりわけ団体旅行やパッケージ旅行である。

　鉄道という大量輸送機関を使い団体型パッケージ旅行を始めたのが，トーマス・クック（Thomas Cook）である。クックは，1841年，禁酒大会に参加する人のためレスターからラフバラへの団体列車をチャーターした。日帰り旅行であるが，鉄道会社には，特別運賃を交渉し，軽食や紅茶，娯楽などをセットした。もっとも，この団体旅行が歴史上はじめての団体旅行であったわけではな

いのだが，広告で参加者を募集したのは最初である。こうしたことから，クックは，「近代ツーリズムの創始者」とか「近代ツーリズムの父」とかいわれている。

一方，日本の団体旅行は，江戸時代の講にたどれるとみられる。講は，村むらから伊勢参宮など1つの目的をもって集まった人々の集団である。代参制を基盤にしたが，講員は講費を分担して積み立て何年か何十年かに一度自分も行ける。そして，代参者が各村から2，3人ずつ集まって郷とか国単位でまとまって寺社詣でをした。この仕掛けに大きく関与したのが御師である。御師は神官であったが，参拝者に対し祈祷や宿泊の便宜を図り，自ら宿舎を提供したりみやげを用意したりした。大量輸送機関こそ含まれないが，パッケージ旅行と同様のシステムがここにみられる。

2．日本におけるマス・ツーリズムの形成

日本では，昭和30年代に入ると，国民経済もゆとりをみせ，旅行ブームが作り出された。特に，この時代は，団体旅行が中心であり，社員旅行が大きな部分を占めた。これは，旅行はまだまだ贅沢品であり，たとえ国内旅行であっても旅行に出かけるためには相応の「大義名分」が必要であったこと，個人が旅行を計画し，実行に移すにはまだ旅行情報の収集力や手配能力は充分ではなかった環境であったことがある。

しかし，団体旅行の目的地は，そのほとんどが各地の有名温泉地の旅館であった。名所旧跡の観光と温泉旅館での宿泊・宴会との組み合わせは高度成長期の団体旅行の定型パターンであり，旅館での風呂や豪華な料理は，まさしく旅行の醍醐味であった。こうした，団体需要を受け入れねばならない旅館は，旅行業者からの団体客の送客に対応するため，新築や増築によってその規模の拡大をはかった。また，高度成長の時代には，旅行を取り巻く環境も変化した。1963年に，名神高速道路が尼崎・栗東間で開通したのを皮切りに高速道路網が建築され，1964年には東海道新幹線が開通した。新幹線は，1975年には博多まで開業し，鉄道の他にも，航空機，バス，船舶，高速道路などの交通ネットワー

クが急速に整備されたため，旅行への需要を期待して，温泉地のみならず全国各地に大型観光旅館が開業した。

　さて，高度成長期に最も人を集めたイベントとして大阪万国博覧会をあげることができる。大阪万国博覧会は，1970年に行われ延べ6,422万という入場者を集めた。そのため，これを契機に旅行への親しみが，全国的に拡がり，大衆旅行の発展に一段と拍車がかかった，とされている。また，「従来の団体旅行を家族・小グループ旅行に分解していく契機となった」ともいわれている。さらに，国鉄は万国博覧会終了後，ポスト万博の旅客誘致キャンペーンとして「ディスカバー・ジャパン」を展開した。「ディスカバー・ジャパン」は，「日本を発見し，自分自身を再発見する」をテーマにし，小京都とよばれる町などに焦点が当てられた。さらに，このころ発刊された『anan』と『non-no』は，旅行記事を掲載し，アンノン族とよばれる若い女性がこれらの観光地を訪れるようになった。このように，1970年代の国内旅行は，旅行する層も男性のみならず若い女性にも広がるとともに，旅行の少人数化，目的の多様化がみられるようになってきた。また，国民宿舎，国民休暇村，ユースホステルなどの公的な宿泊施設の拡充も進み，国民の旅行への参加機会は増大した。

　一方，海外旅行では，また，1964年，日本はIMF（国際通貨基金）8条国へ移行し，これに伴い日本人の海外渡航が自由化された。海外観光旅行が自由化された1960年代中頃の国際線は，DC8，B707，コンベア880といったジェット機の全盛時代であったが，伸びゆく航空需要を吸収するため，より大型で航続距離の長いジェット機が求められ，1970年，パンアメリカン航空のボーイング747型ジャンボジェット機が太平洋線に就航した。ジャンボジェット機の登場は，「大量高速輸送時代」を一気に現実化させることになり，経済性・安全性の高い航空機で，世界は一気に大量輸送時代に突入した。また，ジャンボジェット機が日本に就航する前年の1969年には，大量の観光需要を誘引することを目的として設定された極めて大幅な割引運賃制度であるバルク運賃が導入され，1971年には，はじめて訪日外国人旅行者数を日本人出国者数が上回ることとなった。また，円高を導く1973年の円＝ドルの変動相場制への移行，1978年の

渡航用外貨持出限度額の撤廃，さらに，成田空港が1978年に開港するなど，日本人の海外旅行を促進する要因は増していった。

このように日本におけるマス・ツーリズムは，大量輸送機関，大量集客施設の拡充とともに，旅行業者がこれらをシステム化することで発展した。旅行者数の増加は，経済発展や生活水準の向上などによるものであるが，旅行業者の役割を抜きにして語ることはできない。

3．旅行業とパッケージ旅行

マス・ツーリズムは，以上のように旅行業者が大量輸送機関，大量集客施設への送客をシステム化することで形成されていった。

例えば，そもそも社員旅行などの団体旅行は，旅行先が決定されてから，宿泊施設の手配や交通機関の予約がなされていた。それが，旅行業者が旅行市場の動向を予測した上で，それに見合う客室の事前仕入れを行い，それを売り込もうとする販売手法が始まった。そして，大手旅行業者では，協定旅館と販売協定を締結し関係を強化した。このように旅行業者にとっては，旅館の客室が安定的に供給されるメリットと，旅館にとっては団体送客により旅館の経営を安定させるWIN-WIN関係のシステムが構築されていった。これにより，団体旅行中心の国内旅行では，大手旅行業者の優位が確立されることになった。

海外観光旅行は，1964年，自由化されたが，その旅行形態も，団体旅行が主流であった。これは，外国における土地不案内と，日本人の持つ言語障壁等が理由としてあげられる。こうした状況のもと，自由化前から，海外旅行は高額でもあるので「海外積み立て旅行」が企画されたり，「JTB海外旅行シリーズ」が設定されたりしていた。だが，「ブランド」名が付けられ航空，宿泊，観光という旅行素材が包括されたパッケージ旅行は，スイス航空の「プッシュ・ボタン」を嚆矢として，航空会社によって開発され，旅行業者により販売された。そして，1965年日本航空は「ジャルパック」を発売した。さらに，日本航空は主要旅行業者などによびかけ日本航空を利用したホールセーラー，トラベルエアーを構想したが，発足には至らなかった。こうした中，日本交通公社は，ホー

ルセール業務に乗り出し，1968年，日本交通公社と日本通運の業務提携により「ルック」を誕生させた。その後，各旅行業者も，自社ブランドのパッケージ旅行商品を設定し，販売強化を図るようになる。

　このような過程で，素材提供業者と旅行者の間で旅行をあっ旋していた旅行あっ旋業者が，自ら旅行を企画し主催するようになっていった。自ら旅行商品を主催する旅行業者は，旅行を企画するホールセール部門と販売するリテール部門に分化し，さらには，ホールセーラー，リテーラーという機能分化がなされ，流通経路が形成されていったのである。

　一方，海外旅行で先行していたブランド名をつけたパッケージ旅行は，国内旅行では，会員募集型のツアーの延長として，売り出される。日本交通公社は，1971年にエースを登場させ，1972年には，日本旅行が赤い風船を，近畿日本ツーリストがメイトを発売する。国内旅行では，ホールセールという流通システムは，当初はあまり一般的にはならなかった。海外旅行ほど他社商品に依存することがなかったことがその理由であるが，パッケージ旅行というスタイルが定着するとともに，国内旅行でも，ホールセールが徐々に広がった。

　しかし，旅行業界は，団体旅行やパッケージ旅行といったスケール・メリットを追うノウハウは，積みあげていったものの，個人旅行の潜在的ニーズに対応する商品や戦略は十分とはいえなかった。国内旅行のみならず海外旅行においても，旅行者の経験は増え，画一的なグループ旅行から個性化を求めるようになっていく。しかし，実際の旅行商品をみれば，どこも同じようなもので，新鮮味がない。また，1980年代後半から90年代にかけての海外旅行は，「商品を供給すれば売れる」傾向が続いたため，旅行業界は旅行商品の開発することよりいかに大量に安く販売できるかに焦点が合わされた。メディア販売や第2ブランドのパッケージ旅行は展開したが，結果的には旅行需要が第1ブランドからシフトし，低収益化の要因になった。

　パッケージ旅行の内容については，例えば，首都圏の主要日刊紙に掲載されている関東地方からの京都への募集型企画旅行を考察してみると，その設定は，観光客全般より，より繁忙期に集中している。そして，桜や紅葉，祭や企画さ

れるイベントに求心力を求めて企画をしている傾向が強い。また，設定訪問地としては，嵐山・嵯峨野や高雄，祇園周辺が高く，観光客全般の訪問率では3番目に位置する金閣寺が低い位置にある。設定数が高い訪問地は，訪問地自体は相応の求心力を持ちながらも，ある拠点を中心に旅行者自身が回遊することができる地である。そこで自由行動にすることが旅行代金を低下させられることや煩瑣な団体の移動を軽減することを導くのであるが，これが優先した選定理由になるなら，顧客より生産を志向した商品企画であるといえる。また，海外旅行においても，韓国・ソウルを目的地とする第1ブランド商品の考察では，「立ち寄り箇所」が免税店や韓国食料品店のみならず梨泰院散策，東大門市場，南大門市場といったショッピング可能な同一観光箇所へ集中している。そして，世界遺産や文化観光資源への訪問は非常に少ない傾向がみられる。

　こうした現状のもと，旅行者の個々の潜在的ニーズに対する欲求を満たしつつも，旅行業者が効率よく利益を確保するためには，旅行業者のシステムをそのニーズに対応できるように修正していくことが必要である。しかし，旅行業関係者の意識は，現状ではそこには及んでいないように思える。

　だが，それに対応することが不可能と言い切れるわけではない。例えば「楽天トラベル」をその一例として挙げることができる。楽天トラベルは，1996年に日立造船情報システムが営業を開始した「ホテルの窓口」のモデルを継承したものであるが，旅行業関係者の発想でできたものではなく，そもそも，あまり旅行業者では取り扱われていなかったビジネスホテルを取り扱うシステムを提供したところから始まる。しかし，旅行者と宿泊施設の間に入って手数料を取るというのは，旅行業の原型モデルである。旅行業のビジネスモデルでありながら，今までの旅行業になかった方法を，インターネットを使うことにより発想し，効率的に，かつ，個々のニーズに対応する情報の提供を可能としたことが成功の要因といえよう。

4．マス・ツーリズムの旅行者

　日本のマス・ツーリズムは，修学旅行や社員旅行といった団体旅行から広がっ

ていったといえるが，これは勤労を美徳とする国民感情のもと遊ぶことへの後ろめたさがあって，団体として行動したのである。ここでは，他人と異なった旅行では，後ろめたさが払拭できないため旅行内容は同じようなものに落ち着く。海外旅行が自由化されても，その行動形態は同様で，添乗員・ガイドのもと同一の観光地を巡り，観光客を相手とする土産物屋に案内されるという同類の旅行が設定された。また，現地通貨の両替も移動するバスの中で行うなど，旅行者は，目的地で現地の人と交渉するストレスを感じることなく効率的に日程が設定された。このような，定期航空便を利用することで多様なパッケージ旅行がある一方，旅行先での時間の使い方，旅行の特徴，実態行動パターンないしは内容という「観光」がよく似た日本のパッケージ旅行を玉村和彦は，「同類観光異種ツアー」といっている。さらに，海外旅行が，大衆化，低廉化され，観光・食事つきのフルペンション型の旅行が，往復の航空便と宿泊・空港送迎のみのスケルトン型に移行しても，スケルトン型のパッケージ旅行が設定されている目的地は限られ，旅行者は，カタログ型ガイドブックで紹介された店を中心に，事前に行くところを予習し，効率よく回遊する。これらのガイドブックはハズレのない定番情報を効率的に案内しているので，旅行者は，目的地において現地の人に尋ねるというストレスは軽減される。しかし，これもパッケージ旅行の形態は変わっても同類観光であることは変わらない。

　パッケージ旅行においては，フルペンション型であっても，スケルトン型であっても土産物屋の訪問は欠かされない。スケルトン型においては，観光地の訪問は日程に含まなくても，帰路の空港へ送る途中で土産物屋に立ち寄ることは常である。これは，旅行業者が土産物屋から送客手数料を得るためであるが，本来は，旅行者がストレスなく効率よく土産物を購入する便宜を図るものである。しかし，あらかじめパッケージ旅行代金を下げるために送客手数料収入を前提にした旅行もあり，これが販売強要や観光のための時間を削って多数土産物屋を訪問することとなり，苦情になることもある。こうした事実は，もともと，不慣れな旅行者の便宜を図るモデルを構築したものの，旅行者についての環境が変わっているにもかかわらず，何ら新しいシステムに改訂していない結

果といえる。

　しかし，日本人は土産物の消費額が多いことは確かである。例えば，2010年のハワイの航空到着日本人訪問者の1人1日当たりのショッピング消費は92ドルで，中国人訪問者の101ドルには及ばないが，韓国人訪問者の48ドル，ヨーロッパからの訪問者の15ドルと比べれば相当高い額を示している。これは，日本の旅行が，ムラ社会において，代表していく江戸時代の講の代参から起こったことや餞別や祝宴を受けて旅に出たことから見送ってくれた人に土産を渡すことが義務づけられ，行った先を示すしるしが重要であるとともに，それが習慣づいたともいわれる。また，団体旅行の中で隣が買うから自分も買うという「つられ買い」も日本人の特異な行動様式と指摘されている。これらがショッピングの消費額を引き上げている要因であるとも考えられる。

　さて，この土産物であるが，海外旅行においては，その進展とともに傾向が変化してきた。1960年代は，見るものすべてが珍しく帰国後はガラクタ化する民芸品や写真をカラー絵皿にしたものなどをつられ買いするとともにステイタスシンボルである洋酒，特にジョニーウォーカーの黒ラベルが好んで買われた。それが，1970年代，80年代になると，帰国後関係者に渡す土産としては，雑貨品からより実利的な嗜好物に変化した。その代表的なものが，ハワイのマカデミアンナッツチョコレートであるが，チョコレートは世界各地の土産物となっている。そして1980年代後半から1990年代にかけて日本はバブル経済の上，円高が進み，あらゆる商品を大量に購入した。ヨーロッパの高級ブランド店には，日本人が行列をなし大量に商品を買い漁った。ただ，その後，経済の減退とともに，自分のために旅行前に決定した商品を探索するとともに購入価格の妥当性を検討し，渡す土産は選別・限定した人にのみ渡す行動を取る傾向にはなってきている。

　　　　　　　　　　　　　　　　　　　　　　　　　　　（廣岡裕一）

第4章
観光動機と満足

1. 観光動機とは

　人は観光を行う際，その背景には必ず何らからの動機（motivation）が存在している。フォドネス（Fodness, D.）が分類した観光動機に従うと，それらは，①緊張をほぐしたい，②楽しいことをしたい，③人間関係を深めたい，④知識を豊かにしたい，⑤自分自身を成長させたい，の5つの要素から構成される。

　また，心理学的分析によると，観光動機はプル（pull）要因とプッシュ（push）要因に大別して理解することもできる。プル要因とは文字通り引き寄せられる要因のことであり，観光者に具体的な目的地を選好させる動機や理由となる魅力的な「もの」や「こと」を意味している。これらは観光者の外部から働きかけが行われる誘因であり，例えば大橋（2010a）は観光地のプル要因例として，観光目的となる観光資源の優秀さ，宿泊・食事の高品質性，おもてなしの良さなど高いホスピタリティ，交通利便性など機能性の良さ，娯楽性の良さ，静かさなど環境の良さなどをあげている。これに対してプッシュ要因とは，観光者に何らかの観光行動を起こすように後押しする個人的・心理的な要因のことである。例えば，観光を行うことで見聞を深めたい，新たな交流を行いたい，あるいは日常生活から脱することで気分転換を図りたいなどの欲求がそれにあたり，これらは観光者の内面から湧き上がってくる誘因である。

　人はプル要因とプッシュ要因にかきたてられ，かつ肉体的・経済的・時間的に観光を行うことが可能な状態が整った際に，観光行動を生起させる。しかし，その際の行動パターンは極めて個別的なものであり，同じ観光者が異なる機会に異なる動機を持って異なる場所で異なるパターンの観光行動を行うことは決して珍しいことではない。「十人十色」どころか「一人十色」といってもよい

ほど多様なのが今日の観光行動のありようである。

2．観光動機と観光者心理

では，こうした観光動機が観光行動にもたらす様々な選択について具体的に検討してみることにしよう。観光の最大の醍醐味は何といっても日常の空間から離れて過ごすことによる心理的変化を味わうことができることにある。そこには，普段接することができないような特徴的な自然景観を備えた非日常的空間もあれば，観光者自身の日常とは一味異なる日常を体験することができる空間もあるであろう。また，それらに感動や興奮を覚えることもあれば安らぎや癒しを感じることもあるであろう。

前田（1995）は，観光者にみられる心理的特徴として，「緊張感」と「解放感」が相反しながらも同時に高まることを指摘している。

一般に日常生活を離れ，よく知らない土地で生活することに人は不安感を持ち，外部環境の変化にすぐ対応できるような状態を心身ともに維持しようとする。この状態が「緊張感」とそれによる感受性の増大をもたらしてくれる一方，日常生活からの脱出が様々な煩わしさを一時的にであっても忘れさせ，この状態が「解放感」とそれによる精神的・肉体的なくつろぎをもたらしている。

こうした状況のもと，観光者は今回の観光における主たる動機が何であったかに照らし合わせて，様々な観光行動を選択することになる。

また前田（1995）は，観光行動を消費者行動一般と同じ"選択行動"と捉え，それらは，①旅行することそのもの，②旅行目的，③同行者等，④旅行先，⑤宿泊地，⑥旅行形態，⑦（旅行先での）行為の7つの選択によって成立することを主張している。すなわち，新たな土地での新たな経験や交流を通じて刺激を受けたい観光者も，日常生活から離れ，リラックスをしたい観光者も，各自が実現可能な選択肢の中から自身の動機を満たしてくれると主観的に判断した観光行動を選択しているのである。

3．観光行動と観光者満足

次に，観光行動と観光者満足（tourist satisfaction）の関係について検討することにしよう。ここで，ある観光者がある観光地において自らが持つ動機を満たすことを目的にある観光行動を選択したと想定しよう。一般的に，観光者はその行動で得られた満足度のレベルが高ければ高いほど，再びその観光地に立ち寄ってくれるという忠誠心（loyalty）が高まり，その観光者による肯定的な口コミが新たな観光者の訪問を促す可能性が高まることが期待される。しかも，その高い観光者満足がその地域の個性，地域性，あるいは創造性が存分に発揮された高品質の観光商品によってもたらされたものであれば，十分な利益を上乗せした価格で販売することも不可能ではない。すなわち，上客のリピーターを確保するとともに，新たなリピーター候補をリピーターが連れてきてくれる可能性が広がるのである。

では，観光者に高い満足度をもたらす観光地とはどのような観光地のことを意味するのであろうか。まず何よりも重要なのは，潜在的観光者に対して当該地域の存在を正しく知ってもらうことである。どんなに付加価値が高く，魅力的な観光資源があっても，その存在を知ってもらえなければ，そしてその価値を認めてもらえなければ世の中に存在していないのと同じである。また，先にも述べたように観光者の観光動機は多様である。当該観光地や観光商品の特徴を高く評価してくれる顧客をターゲットにすえ，その人たちが興味を持ち，記憶にとどめてくれるよう，わかりやすく肯定的なイメージを帯びた情報を発信することで当該地域を認知してもらい，来訪を促すことが肝要である。

次に重要となるのは，ターゲットとした観光者の観光行動のニーズに適合した観光商品の的確な提供ができることである。おそらく，観光地にとって最も悲劇的な機会損失は，富裕層の観光者がお金を使う気満々で来訪したにもかかわらず，その機会が用意されていないことである。ターゲットとした観光者が求める観光行動については，受入側がメニューと実施体制をしっかり整備し，徹底的にこだわることで，ここでしか経験できない商品に育て上げる。と同時に，こうした観光行動を有機的に連携させることができれば，長時間にわたっ

てそこでの滞在を楽しむ機会を提供し，当該観光者の満足度をさらに高めることを可能にする。また，実施することができない観光行動についても可能な限り明確に示すことができれば当該観光地や観光商品のイメージをより明確に打ち出すことができるだけでなく，イメージと実体の乖離も小さくなり，その結果として訪れる観光者の期待を裏切る可能性が小さくなるといえる。

また，年間を通じてその時期ならではの季節限定の観光行動のメニューを各種用意することでリピートしても飽きられない体勢の整備も重要である。例えば，日本は国土が南北に長く，地形・自然・気候が地域によって多様で変化に富んでおり，四季の変化も明確な国である。全国各地にその土地ならではの地場産品が農作物と工芸品の両面で数多く存在しており，伝統芸能や祭り等の行事にも事欠かないなど，非常に恵まれた条件のもとで何度もリピートしてくれる魅力的な観光地づくりを行うことができる国といっても決して過言ではない。事実，日本政府観光局（JNTO）が2010年まで実施していた「訪日客実態調査」においても訪日外国人の日本に対するイメージは極めて良好であり，全回答者の55.3％（2008年調査）がすでにリピーターであるとともに，96.2％が訪日旅行について大変満足（42.1％）もしくは満足（52.1％）と回答していることが報告されており，その潜在的能力は極めて大きいことが指摘できる。

さらには，観光地全体が一体となって観光者を迎えてくれる雰囲気も重要である。なぜなら，観光地にとって，観光に直接かかわっていない人々が観光者に対してどのような態度で接するかという問題は，実は観光者の満足度を決定づける上で極めて重要な指標になる場合があるからである。例えば，見知らぬ地域で見知らぬ人から思いがけない親切を受けて，その地域が大好きになったという経験（あるいはその逆の経験）を持つ人は少なからずいるであろう。このことは，よい観光地をめざすためには，まず住民にとってよい地域であることが前提条件になることを意味するものである。人間関係の悪い地域はその雰囲気が外部者にも伝わり，その結果として観光者の足を遠ざけてしまうこと，逆に一生懸命頑張っている人がたくさんいる地域での交流は，訪問者の満足度を確実に高めるとともに，共感や支持を集め，さらなる人々の来訪をもたらす

ことを肝に銘じなければならない。

4．観光者満足を形成するプロセス

　観光関連産業や観光地にとって，観光者の満足感を高め，その結果として生まれた忠誠心によってより多くのお金を使ってくれるように働きかけることは，経営的に極めて重要な行為である。大橋（2010a）は，こうしたメカニズムについて様々な立場に立脚した所論を紹介するとともに，それらを整理することで観光者満足を形成する全体的なプロセスを図表4-1のように示している。

図表4-1　観光者満足形成の全体的過程

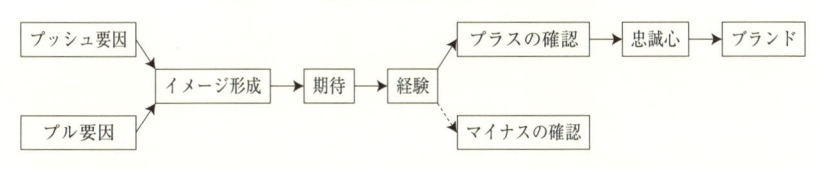

```
プッシュ要因 ┐                    ┌→ プラスの確認 → 忠誠心 → ブランド
             ├→ イメージ形成 → 期待 → 経験
プル要因     ┘                    └→ マイナスの確認
```

（出所）大橋（2010a）p.127。

　まず，先述のプッシュ要因とプル要因によって当該観光者のある観光地に対するイメージと，当地の観光行動に対する期待が主観的に形成される。そして，各種観光行動を実際に経験し，プラス（事前期待以上）かあるいはマイナス（事前期待以下）かの確認が行われ，プラスの確認ができた場合に観光者満足が形成し，そこから忠誠心が生まれ，忠誠心がブランドをもたらすというモデルである。

　このモデルに従って観光関連産業や観光地に課されたミッションを検討すると，それはイメージを向上させるとともに，プラスの確認につながる経験を提供することで全体としての観光者満足を高めることである。言い換えると，観光者が肯定的なイメージを持ち続けつつ，そのイメージがもたらす期待感を上回る高い満足を得られるような観光商品の継続的な開発と提供に心がけなければならないということを意味する。

　しかし，こうしたミッションに応え続けることは，下記に示す理由から年々困難になってきている。その第1の理由は，いわゆる経済・経営のグローバル

化の進展である。輸送手段の急速な進歩や新興国の経済的な発展は，多くの地域において既存の産業構造の見直しを迫るものとなっている。このことは観光者による地域のイメージにとどまらず，その実態を大きく変えうるものである。

第2の理由は，観光のグローバル化の進展である。多くの人々が国境を越えて移動し，それに伴い多様な価値観とそれを反映した習慣も交差することで，観光においても様々なインパクトを与えるようになっている。また，日本国内において急速に進展する少子高齢化と，労働力人口の急速な減少は，いわゆるインバウンド対応による補完と，それによる新たな観光客への対応を不可避なものとしている。

第3の理由は，多くの観光者にみられる観光経験の増大である。顧客としての観光者の評価能力は，一般に観光経験の積み重ねとともに高まる。したがって，観光関連産業や観光地は，目が肥えシビアな評価が可能になっていく観光者と対峙しなければならなくなっている。

そして第4の理由は，観光地間の競争の激化の進展である。グローバル化の進展は，観光者に観光候補地の選択肢を国内外に増やすという効果をもたらしている。また，全国各地においてみられるようになっている観光を手段とした地域活性化の取り組みによって，観光関連産業や観光地はますます厳しい競争にさらされるようになっている。

このような厳しい環境のもと，観光客に選ばれ続ける観光地になることは極めて難しい。しかし，難しいからこそ，その条件を整えることで持続可能な競争優位性（sustainable competitive advantage）を獲得することが可能となる。最後に，その条件を探ることで本章をしめくくることにしたい。

5．選ばれ続ける観光地とは

端的にいって，選ばれ続ける観光地には，ほぼ例外なくその観光地が打ち出している価値を認めてくれる顧客が一定数存在している。そして，そこには顧客が高い忠誠心を持って当該観光地を繰り返し来訪し，価値に見合った対価を支払い続けているという状態を確認することができる。

ただし，大橋（2010a）によって指摘されているように，一般の消費者満足による製品・サービスの反復購買のように，観光者満足が同一の観光地へリピートを必ずしももたらさない場合がしばしばみられることに注意が必要である。なぜなら，限られた観光の機会を可能な限り新たな場所を訪問することによって活用したいという，多くの観光者に根強い観光動機の存在が，同一の観光地への再訪を妨げるからである。

また，大橋（2010a）は観光者満足には全体的満足と観光のある段階もしくは部分要素における要素満足が成立することと，ある要素における不満が全体的な満足の度合いに影響を与える場合もあれば，ある要素における満足が他の要素における不満を相殺する場合もあることを指摘している。

近年の観光行動のグローバルな規模での活発化は，多くの人々により多くの観光機会を与えるものとなっている。今後，目的地の選択肢はますます広がりを見せ，それに伴う競争の激化は，それぞれの地で体験可能な観光行動の具体的な内容をますます多様にするであろう。

こうした状況のもと，選ばれ続ける観光地になるために求められることは，わざわざそこに行かなければならないという理由を観光客につくらせることに尽きるといってよい。他の地域にはない独自の価値がこの地でのみ獲得できればそのことが観光の動機となるのである。そのためには統一したビジョン・テーマ・コンセプトの共有が欠かせない。

古今東西を問わず，他の店と同じであると認識されてしまった時点で人は近い店，安い店を利用するといわれている。逆に，顧客が価値を認めたこの店にしか置いてない商品であれば，その店が遠くにあったとしても，またその商品が高価であったとしても，顧客はその商品を買うであろう。観光も同じである。

地域内の同業者を単なる商売敵と見なすのではなく，観光者に選択の幅を与えるパートナーと見なす懐の深い姿勢も必要である。観光地の場合，自分だけいい経営をしていても，周りがダメだと全体としての魅力を打ち出すことができないことから客足が遠のき，最後は共倒れになる場合が多い。互いに切磋琢磨しあうとともに，支えあうことで，観光地としても，個店レベルでも，ここ

にしかない徹底したこだわりの逸品を用意することで価値を提示することが肝要である。

　その地域の特徴を最大限に活用した本物の観光行動プログラムを用意すること，その地域の地場産品を活用した各種商品づくりを行うこと，顧客のニーズをしっかりと汲み取り絶対にミスマッチをさせないこと，しっかりと利益をとる価格設定であっても顧客に納得させるストーリーを付けて商品をつくること，そして，またここに来なければならないと観光客が勝手に思ってくれる「必然性」をつくること。これこそが，観光者の動機を大いに満足させ，選ばれ続ける観光地の条件であり，観光地ブランドを形成する基盤である。

（出口竜也）

第5章
景観問題と観光

1．本章の課題

　一般的にいって，魅力的な景観を有する観光地は多くの観光客を引きつけることができる。その意味で，観光地のブランド力の発揮に際して，景観のあり方は他の諸要因にも増して決定的な役割を果たすといってよい。ところが現実には，この景観をめぐって様々な社会問題＝景観問題が発生している。

　景観をめぐる社会問題には，第1に，何が魅力的な景観であると考えるかという感覚の違いによって発生するようなパターンがある。例えば，かつて京都市（長）が鴨川にフランス風の橋の建設を提唱したことがあった。これに対して，京都在住の外国人を中心に反対運動が行われ，この構想は結局実現には至らなかった。このケースは，フランス風の橋が京都の景観的価値を高めるかどうか，つまり京都にとって魅力的な景観とは何であるかという問題をめぐる主観的な対立である。

　第2は，景観をなす個々の事物や空間が，鑑賞の対象であると同時に観光以外の社会生活における日常的な利用の対象でもあるという事情に関係してくるようなパターンである。例えば，宮崎駿監督の作品である『崖の上のポニョ』のモデルともなった広島県の鞆の浦は，価値ある歴史的景観を持ったまちである。しかし，交通渋滞を解消しようとして県が港を横断する橋梁の建設を計画したため，景観を守ろうとする住民とが対立し訴訟に発展した。

　いずれにしても，こうした景観問題にどのように対処していくかは，当該地域の観光地としての価値を大きく左右することになる重大問題である。適切な処方箋を得るためには，問題の所在を把握しなければならないが，これを社会科学の立場から概観することが本章の課題である。なお，上のような問題が必

ずしも景観問題のすべてを包括するわけではないが，本章では，さしあたりこれら2つのパターンに焦点を当て，景観問題とは何かを考えていくことにしよう。

2．美意識の発展と景観問題

対象を魅力的と感じる意識を，ここでは美意識に代表させることにする。この観点からいえば，景観問題は美意識のすれ違いから生じる。このすれ違いの背景として以下，①社会的な立場，②歴史的な変化，③個人と社会，という3つの観点から考えてみたい。

(1) 社会的な立場

美意識はそのルーツを辿るならば，労働と関わりが深い。労働はある目的を持って成されるが，目的達成の過程で生じる対象や労働手段への愛着が美意識の原点である。労働というと職場での行為といったイメージに結びつきやすいから，もう少し広く実践と考えればよい。人はいろんな実践（およびこれを規定するその人の社会的な立場）を通じて自らの関心を広げるが，その内容はその人の美意識に大きな影響を与える。

例えば，かつて国立市のマンション建設をめぐる景観問題があった。マンション業者にとっては高層マンションの建設は大きなビジネス・チャンスであるが，周辺住民にとっては既存の景観が大きく損なわれる変化と感じられた。業者がマンションを含む景観に美を感じるかどうかは別としても，彼らには少なくとも美が損なわれるという認識は希薄であるかそれに大きな価値を置くことはない。つまり，大きくくくれば，ビジネスの論理で動く企業家と生活の論理で日々を過ごす生活者とでは，同じものを見ているようでもしばしばそこに別のものを見出し，したがってまた彼らの美意識はそれだけ乖離することになる。

(2) 歴史的な変化

美意識が歴史的に変化・発展するものであることもまた，様々なすれ違いを生む原因となる。この点を，同じく美意識の重要な対象である音楽を例に考えてみよう。

写真5-1　多くの観光客を集める英国コッツウォルズ地方の農村風景

　どのような音を美しく感じるかは，上述の社会的な立場と同様に実践に大きく関わるのであるが，歴史的な観点からみればどうであろうか。音楽の3要素は，メロディー，リズム，ハーモニーであることは誰もが子供の時に習った覚えがあろう。このうちハーモニーということを取り上げてみると，メロディーが主として単旋律で登場する時代には殆ど問題にはならなかった。しかし，「対位法」等が開発される中で複数のメロディーが併走するようになると，音と音の重なり，つまりハーモニーが音の美の本質的な要素となる。ハーモニーは，いわゆる3度と5度の音程差からなる協和音として発展を始めるが，ロマン派以降になるとそれ以前には使用されなかった不協和音も多用されるようになった。つまり美意識は，一般的に時代とともに変化してきた。この変化は，単なる美観の交替ではなく，歴史を土台とする豊富化・多様化であるという意味で発展として捉えることができる。
　このアナロジーとして，次の2つの点を指摘しておこう。
　1つは，同じドの音であっても，「ドミソ」のドと「ファラド」のドはその役割・意味が異なるように，景観を構成する個々の要素もまた全体との関連で独自の意味を持ってくるということである。言い換えれば，景観を構成する個々

の空間の意味は,時代とともに全体空間のあり方との関係性の発展として現れるようになる。それに伴って,個別空間と全体空間とのすれ違いと調整という課題もまた不断に発展する。

今1つは,社会には常に異なる発展段階の美意識が併存する結果,両者の確執がこれも不断に顕在化するということである。

(3) 個人と社会

美意識は,それが主観的なものであるだけに,しばしば「個人差」の問題として語られる。確かに個人差の存在は絶対的であって,十人十色が当たり前である。しかし,このことは,その時代その社会における最大公約数的な美意識が存在しないことを意味するわけではない。個人の意識差とは別に,社会的通念として感知されたり発現したりする美意識が存在する。これを社会的美意識とよぶことにしよう。

ロマン派や印象派といった区分,ゴシック様式やロマネスク様式といった区分は,こうした社会的美意識の典型的な現象形態とみることができる。上述の「社会的な立場」や「歴史的な変化」もまた,個人のレベルというよりはこうした社会のレベルで認識される美意識の形態である。これらの観点と関連させていえば,社会的意識は往々にして階層的・対立的な形で,また先進性と後進性のすれ違いとして存在し,変化発展しつつあるものであり,景観問題はこれらのすれ違いの結果として発生するということである。

問題の解決のためには,社会的美意識の歴史と現状の認識の上に立ってその発展方向を見定め,社会進歩に向けた景観形成のための社会的合意を達成していくことが必要である。

3.利用競合と景観問題
(1) 「利用独占」と「非利用独占」の矛盾

一般に,1つのものが複数の利用形態を持つことは珍しいことではない。例えば,食器は,食事のための道具としても装飾品としても使うことができる。書籍も,読むための道具としても,装飾品としても使えるし,場合によっては

枕にもなるだろう。これらの場合，どのように利用するかはその所有者の意志にかかっている。

　ところが，景観を構成する事物とその空間の場合にはそう簡単ではない。例えば，木とその集合としての森の関係を考えてみよう。木は切り出して建材やパルプ原料として利用され得るが，このような形で利用することは場合によっては森として，景観としての利用と競合する。あるいは，歴史的な街並みの場合にはもっと明確かも知れない。個々の家屋には住民が住んでいてその限りで住宅として利用されており，それらの家屋が織りなす全体が1つのまとまった景観を構成している。この場合には，住民が自由にその家屋を増改築することは景観の維持に抵触する可能性がある。個々の家屋は，住居としての利用と景観としての利用の両方の利用形態を持っているわけであるが，それが競合関係にあるということである。

　このことが意味することは次のような矛盾の生成である。個々の家屋は住むという点で見ると居住者が独占的に利用している（他人は勝手には利用できない）。しかし，景観としてその家屋を見ると不特定多数にその利用は開放されている（誰でも利用できる）。同じ1つのものが，利用が独占されると同時に開放されるというのは矛盾である。これを「利用独占」と「非利用独占」の矛盾とよんでおこう。景観をなす空間が食器や書籍などの一般的な事物とこのよう

写真5-2　日本の棚田百選に選ばれた和歌山県有田川町あらぎ島と背後の道路橋

に異なるのは，それが立地(ロケーション)という属性を切り離すことができず，移動や代替物の自由な生産が不可能なものだからである。現代社会における景観問題の根本には，このようなただ眺めているだけでは見えない矛盾が存在している。

景観保全への関心が高いヨーロッパ諸国では，この矛盾は概して次のような方法で解決もしくは緩和されてきた。すなわち，家屋の中といった外からは見えない部分における空間の改造についてはその利用者の自由に委ね，不特定多数から見える部分については社会的な規制に基づく利用に委ねるという方法である。こうした考え方は，わが国では「建築不自由の原則」とよばれている。

これに対し，資本主義社会の後発国であり，かつ極めて急速に経済成長を遂げた日本ではこうした社会的規制は極めて脆弱であり，基本的に自分の土地であれば自由に開発が可能であるという考え方（これを上の原則と対比して「建築自由の原則」とよぶ）が支配してきた。そのため多くの場合，集合空間としての景観を考慮しない開発（乱開発）が進み，歴史的景観や自然景観など，わが国の環境は甚大な損傷を被ってきた。アレックス・カーをして，「世界で最も美しい国」であった日本が「醜い国のひとつ」（『美しき日本の残像』）になったといわしめる所以である。

(2) 市場原理と景観問題

私たちは，基本的には市場原理が支配する資本主義社会に住んでいる。これまで述べてきた景観問題もまた，歴史的に見て市場メカニズムと切り離すことができない現象である。しかし，このことから，わが国における現代の景観問題の発展を単純に市場原理による景観破壊と一刀両断にするわけにもいかない。というのは第1に，景観に対する美意識を，社会的に極めて広範に発展させてきた機動力は市場原理の下での観光やレジャー等の魅力的な景観を体験・学習する機会の増大によるところが小さくないし，第2に，同じ資本主義国でもヨーロッパ諸国の場合などでは，日本のような深刻な景観問題の発生が強く抑制されてきたという経緯があるからである。

とはいえ，ヨーロッパ諸国の場合でも，市場原理そのものが自らの自律的な

作用を通じて，日本に比べて良好な景観を創り出してきたわけではない。市場をそのような方向に誘導してきた力は，歴史的文化的に形成されてきた美意識を背景としつつ，いわば市場の外側からの市民社会的規制の存在と発展にある。

では，魅力的な景観に対する社会的ニーズ（需要）が大きく成長しつつあるにもかかわらず，なぜ市場原理は景観破壊を抑制し景観問題を解決することができないのだろうか。その理由もまた，すでに指摘した景観問題をめぐる矛盾の内容と形態にある。

市場原理の普遍的な実体は市場価格の形成を通じた商品交換にある。この場合，あるものが商品になるためにはそのものが独占可能であることが条件となる。例えば，空気は必要不可欠な物質であるが，一般に独占不可能であるために価格はつかず商品としては流通しない。ところが，景観は，閉じられた特殊な場合を別とするならば，独占ではなく開放をその実体としており，したがってそれ自体は商品としては流通しない（念のためにいえば，景観のあり方はそれを取り巻く周辺の商品経済には大きな影響を与えるが，これは景観自体が商品であることを意味しない）。

ところが一方，景観を構成する個々の空間は独占的に利用されている側面を持ち，したがって価格がついて商品（例えば不動産）として流通することができる。市場価格機構それ自体はこうして，景観を構成する個々の要素のみに作用することができるだけで，全体空間とそれらとを結びつける必然性を持ち得ないことになる。この結果，市場原理に任せておくと，スクラップ・アンド・ビルドやスプロールなどの形で乱開発が生じることになる。

景観に対する意識の向上，すなわち景観をめぐる社会的美意識の成長は，しだいにこうした乱開発に対する社会的規制の要求を強めるようになる。そのプロセスは，上記のような意味において，現代社会における非市場領域の拡張をもたらすものである。

4．景観まちづくりへの期待

観光は，観光を行う立場からは観ることを，観光客を迎える立場からは観ら

れることの双方のまなざしを含んでいる。これらの社会的コミュニケーションを通じた社会的美意識の発展は，しばしば観光それ自体が生み出す景観破壊への対処も含めて，景観を保全し，よりよく創造していくという社会的ベクトルに大きな作用を及ぼしている。

　観光地としてのブランド価値を高めるためには，その地域独自の魅力的な景観を修復し，あるいは創出していかなければならない。深刻な景観破壊を体験してきた日本の場合には，コストも大きいが皮肉にも変化の伸びしろは大きい。しかしそのためには，本章で述べてきたような絶えず生起する多様なすれ違いの発展を乗り越えていかなければならない。その推進力は，市場原理を活用しつつもこれを制御することのできる，魅力的な景観形成に向けた協働のまちづくりの多様な展開である。

（山田良治）

第6章
観光と都市デザイン

　都市観光とはどういう現象であるか。そしてそこには，観光と非観光なるものがどのように存在しているのか。本章では，都市観光をめぐる議論を紹介し，その意義について考察するとともに，観光対象・観光資源を包含する都市空間がどのように創られてきたのかを振り返りながら，都市デザインと観光との関係を考えていきたい。

1．都市観光とは

　都市観光は，端的にいえば都市における観光であり，そこに存在する観光対象や観光資源（ショッピングや飲食，娯楽，芸術鑑賞やスポーツ観戦など）を主たる目的として人々が都市を訪問する行為を意味する。

　世界中の主要な都市，例えばロンドンやパリなどの世界都市と称される先進国の首都や歴史都市では，古くから都市観光が行われてきたが，1980年代以降は，観光とは縁の薄かった中小地方都市においても，都市観光を推進する動きが顕著になった。そもそも資本主義社会の都市（シティやタウン）では，その規模や特性にかかわらず，商品やサービスの生産と消費の機会が多く提供されるため，多くの人々が集い，その結果としてレジャーやエンターテイメントなどの経済的・社会的・文化的活動が展開されてきた（Page and Hall, 2003）。その意味では都市は古くから観光の機能を備えていたともいえる。

　しかし，現代の観光研究あるいは観光の実践において捉えられている都市観光は，上記のような都市の基本的・典型的機能が，交通手段の発展の中で，グローバルなスケールでより多くの人を惹き付ける魅力（つまり観光資源）として意識され，誇示されるようになった局面においてのそれであり，比較的新し

い概念である。

2. 都市観光の重要性

　現代の都市観光は，都市を運営・管理する行政，都市を経済活動の場とする産業界，観光客から都市・観光分野の研究者に至るまで，あらゆる社会的実践における対象として重要な社会現象となっている。では，なぜ都市観光の社会的意義が高まっているのだろうか。

　まず指摘されるべきは，なによりその経済的効果である。これは供給サイドにとっての魅力であり，しばしば都市再生の処方箋としても大きな期待が向けられている（Law, 2002）。

　グローバル化の進展はモノ・ヒト・カネの流動化を加速させ，その結果，多くの先進国における主要都市では脱工業化を経験した（Page and Hall, 2003）。都市が，工業生産物の生産の場である必要性は低下し，モノとサービス（情報）とヒト（カネ）を接合するための管理機能の拠点となることが，都市の発展にとって重要性を増してきた。新しい産業にとって，従来の都市構造や形態は適合的でなく，経済活動における管理機能の拠点として位置づけられる中で，世界中の都市がその構造や空間の変革を加速させた。そこでは，観光は都市で生産されるサービスや情報の消費者を集める仕掛けとなり，経済成長のための基盤を構築するプロセスの中に埋め込まれた（Page and Hall, 2003）。そしてそれに伴って都市空間は観光に適した，すなわちサービスや情報の消費にふさわしい構造へと，さらには都市空間そのものが消費の対象となるようなしつらえへと造り替えられる傾向を強めていった。こうした都市空間の変革自体が，投資をよび込むことにつながり，さらにはそれが都市のイメージを変革する機会としても捉えられるようになった。

　一方，観光する側にとっては，都市に集積したモノ・カネ・ヒトそれ自体も魅力となりえるであろうが，加えてそれらの相互作用によってもたらされる新たな経済的・文化的・社会的消費の機会に恵まれることも大きな魅力となるであろう。既述のように，集客による経済効果を期待して，都市空間自体が消費

の対象として造り替えられつつあるのだから，そのあり様が観光する側のニーズに沿ったものである限りにおいて，都市観光の魅力はますます高まることが想定できる。また，近年働き方の変化に伴ってヨーロッパやオーストラリアでは観光やレジャー活動が短期集中化する傾向があり，このため短期間の休暇にも対応可能な都市観光が，相対的に長期滞在型の農村観光やリゾート観光と比べると相対的に優位性を増している（大橋，2010a）。もともと短期休暇が主流の日本では，都市観光には大きな需要があるといえよう。

　こうした変化に伴って，都市観光は，学術研究の対象としてもその重要性を高めてきた。都市観光は今後の経済・社会・文化的な発展において大きな役割を果たすことが期待され，かつその重要性も増している中で，都市観光に関する研究は未だ不十分であるという認識を多くの研究者が共有するようになった。とはいえ現時点では，都市観光研究の多くは経験主義的であり，都市観光という現象を理解するための，理論的枠組みの確立に成功したとはいえない状況にある（Ashworth, 2003；Ashworth and Page, 2011）。

　この背景には，都市観光をめぐる次のような独特の事情がある。まず，都市は多くの機能を兼ね備えた存在であり，そうした機能を目指して都市を訪れる人々のうち，誰が観光する人であって，その人の都市における活動のどこからどこまでが観光なのかを区別することが困難である。また，観光する人が利用（消費）する都市施設や空間の多くは観光のためだけにつくられたものではないので，都市観光の対象となるものの多くは，観光を目的としていない人々—典型的には都市に暮らす人々—の利用（消費）の対象にもなっている。さらに，現実的には観光は都市を必要とするかもしれないが，ほとんどの都市にとって観光を提供する機能はかならずしも不可欠ではない。つまり，都市と観光の間には，一筋縄では解明できないいくつかの複雑な関係性が潜んでいるのである。都市観光を理解するのには，なにより観光現象を包含している都市の文脈（つまり，観光以外の機能や基本的な社会的・経済的・文化的特性など）を理解することが不可欠である（Ashworth and Page, 2011）。

　そもそも都市は古くから多くのモノ・カネ・ヒトを集積させてきた空間であ

るが，グローバル化の著しい進展によって，すべての都市は否応なく世界規模での経済競争に巻き込まれている。首都や世界都市とよばれる大都市もその例外ではなく，都市はこれまでの集積を維持・拡大するためにも，何らかの生き残り策が必要となっている（Page and Hall, 2003；Ashworth and Page, 2011）。観光は，都市にとって，単に観光する人を惹き付け，彼ら／彼女らがもたらす消費が経済効果をもたらすというだけでなく，観光振興に関わって生まれる魅力的な都市空間・環境の創出が，高い技能を有する労働力を都市に惹き付け，留まらせる効果をももたらす可能性を有している。このため，いわゆる"生き残り策"として大きな期待が寄せられるのである。

ハーベイは，行政がこうした集客のための都市づくり戦略を民間企業と共同して推進する状況を指して「都市企業家主義」と評している（Harvey, 1997）。つまり，都市は経済的にも社会的にも衰退した都市中心部の再開発や，情報通信や知的財産を取り扱うような産業の誘致，観光・レジャーを中心としたサービス産業の挿入などを通じて，都市の活性化とイメージを一新する取り組みに励むようになる。それは具体的には，都市による「場のマーケティング（Place Marketing）」であり，そうしてつくられた新しい場を，例えば大規模な国際会議場や競技場，ショッピングモールの設置，お祭りやコンサートなどのイベントの開催によって，企業や人々にとって魅力的な場としてしつらえることである（Page and Hall, 2003）。そして，こうした場をそこでの活動とイメージともに売り込む戦略が，地方政府や専門家らの関心事となっていった。

3．都市観光空間の創出と空間の消費

都市にとって，観光という視点から場づくりをすることは非常に重要な経済戦略となったことはすでに述べた。多くの都市がそうした戦略を実践するようになる中で，都市はどこにいっても同じような消費（観光）空間としての形態を帯びるようになる。

このプロセスにおける典型例は，港湾エリアを再開発し，ホテルや国際会議場，スポーツ・スタジアムなどの施設とショッピングモールを備えた複合商業

施設空間である。そこでは，訪れた人が心地よく過ごすことができるように，広い歩道や街路樹，ストリートファニチャーが配置され，各施設は全体との調和を図った外観をまとい，エリア全体が人々をもてなす空間としてデザインされる。また，都市に残る歴史的な建造物や文化遺産も，レストランやカフェなどにリノベーションされたり，歴史や地域性を表現するものとして意味づけが行われ，消費（観光）空間に組み込まれるか，消費（観光）対象そのものになる。こうして生み出された都市空間は，しばしばその歴史性や固有の場所性から離れて，新しい意味やイメージをまとい，消費のための「演出された」空間として存在し，消費（観光）者はそれを「演出された」ものと知りつつも楽しむのである（MacCannell, 1999）。

ただ，都市間競争が激しくなるにつれ，都市機能の転換やイメージづくりのためのしつらえが競争上優位に働くのは一時的であることが多い（Harvey, 1997）。なぜならその手法は容易に模倣が可能だからである。また，このような都市空間のつくられ方は，ジェントリフィケーション（従来そこを利用していた人々を排除し，より上の階層の人々をよび込むこと）を発生させるという問題点をも含んでいる。

しかし見落としてはならない重要なことは，グローバル化の進展と観光の発展に付随して，都市が消費（観光）の空間としてつくり出されていくプロセスの中に，空間に対する人々の美的感性の発展と，その実践が普及する契機が含まれていたということである。

そこには，都市を訪れる人（来訪者）と，都市で働き，暮らす人（生活者）双方の，空間との関わりが存在している。その関わりは，来訪者は「観る」「経験する」，生活者は「観られる」「魅せる」という関係にあり，この関係性が生活者の，空間を美しく魅力的にしつらえることに対する意識を高める可能性を有している。つまり，来訪者が都市空間を観賞することで，生活者は都市空間を美しく維持したい，さらには自らが働きかけ美しくしつらえた空間を来訪者にもっと観てもらいたいという意識を喚起することになる。もちろん，生活者もまた観光を通じて，そしてときにはテレビや雑誌のメディアを通じて，自分

の住む都市とは違う都市を観賞する機会をもつであろう。生活者が来訪者となり「観る」という経験を蓄積させることも，自らの空間に対する美的感性を磨き，空間を設えるという実践へ道を拓くことになるのである。そして，これこそがまさに都市デザインの芽吹きなのである。

4．都市デザインと都市観光の関係性

都市デザインと聞くと，デザイナーか建築家の専売特許のように思われるかもしれない。しかし必ずしもそうではない。都市デザインは，地勢や歴史，既存の空間構造，そこで暮らす人々の生活の蓄積である心象などを読みとり，利害関係者（ステイクホールダー）の間で合意形成を図りながら，都市空間に形態的な変化（改善）をもたらすものとして捉えられている。人々に愛され，利用される美しい空間の創出と，それを生み出すに至る人々の意識を育成することが都市デザインの目的なのである。

都市デザインは，都市化の進行とそれを支えた経済効率主義，そしてなにより近代都市計画の基底をなした機能主義に対するアンチテーゼとして，都市に暮らす人々とその生活を尊重する環境のあり方を対置する試みであった。このことは，都市に暮らす人々にとって，都市空間は操作可能な対象であるという認識，すなわち都市は行政や専門家がつくるのではなく，自分たちがつくり，維持するのだという意識と実践を前提としている（西村，1993）。ゆえに，都市デザインの実現はそこに関わる人々の意志決定のプロセスであり，合意形成の過程でもある。

同様に，生活者の関与は観光の対象として意識された都市空間の再構築プロセスにおいても，いまや不可欠なものになりつつある。それは，都市観光の需要・供給両面における発展がすでに都市化された空間を舞台に進んだためであり，別言すれば，再開発をしたり，消費（観光）空間としてしつらえ直すところには必ず生活者の生活と歴史があり，それを無視して事を進めることはほとんど不可能だからである。

例えば，前に例示したような複合的商業施設空間では，民間企業が行政の権

限や支援を利用しながらつくるという方法が主流であるが，大規模開発であればそれが周辺地域に暮らす生活者の環境に与える影響は大きく，また中小規模であってもそれが既成市街地に挿入されるならば大なり小なり生活者に直接影響を及ぼすことになる。もし，空間の用途・機能の変更が生活者に不利益や不都合をもたらすものであれば，開発者や推進者と対立することになるであろう。また，日本ではいわゆる「観光まちづくり」が注目を集めるようになり，中小都市の日常生活空間を観光化しようとする取り組みが盛んであるが，ここでは生活者が中心となって行政や民間企業と協力しながら，それぞれの都市の地理的・歴史的・文化的資源を活かした空間づくりやその管理を進めている。このようなケースでは，関与というレベルを超えて，生活者自身が空間づくりの取り組みの主体となっているところも出てきている。生活空間そのものを観光対象とするのであるから，そこに暮らす人々の理解と協力なしには成立しえないのである。

　都市観光と都市デザインの関係には，単にまちを消費（観光）空間として美しくしつらえるということにとどまらない，もっと重要な意味が含まれている。都市の観光空間化のプロセスに埋め込まれた，「観る」「観られる」という来訪者と生活者の関係性は，しばしばその関係を逆転させながら，空間に対する美的感性の向上と実践を誘発する。そしてこのことは，都市デザインにとっての基盤であるとともに，都市空間の観光化プロセスにおいても今や不可欠なものとなりつつある。

　生活者を，そしてまた来訪者をも間接的に巻き込んで仕組まれる都市デザインのプロセスとその結果は，人々の都市に対するシビックプライドを高める効果をも持つ。都市デザインが重視する視点には，既述のような人々の関わりやその調整プロセスだけでなく，都市の歴史的文脈を辿り都市の個性を掘り起こすことや，都市の文化をデザインすること，生態系との共存を模索することなど，都市の歴史性・文化性・固有性，つまり地域性の視点が含まれている。空間をしつらえ・消費・利用・鑑賞することを通じて，地域性に関わりそしてそれを理解し，尊重する感性が育まれるのである。都市空間の中に育まれたこう

したスピリッツを感じることこそが，都市観光の醍醐味となる時代を迎えている。

(堀田祐三子)

第7章
農村と観光

1．農村ツーリズムとは何か

　豊かな自然，農地の多様な緑と集落が織りなす美しい景観，独自の生活文化や食文化など，都市にはない魅力を求めて農村に滞在し，余暇を過ごすツーリズムへの関心が高まっている。こうしたツーリズムは一般に，農村ツーリズム（rural tourism）あるいはグリーン・ツーリズム（green tourism）とよばれている。

　欧米や日本などの先進諸国において，農村地域へのツーリズム需要の大幅な拡大がみられたのは1960年代から1970年代においてである。戦後の高度経済成長に伴う所得の向上や余暇時間の増大，そして高速道路網の整備や自家用車の普及などの交通手段の充実によって，農村地域を訪れるレクリエーション人口は急増し，農村は食料生産の場としてのみならず，都市住民のレクリエーションやレジャーの場としても社会的に広く認識されるようになった。また，特に1970年代以降，農村において農産物の過剰生産問題と価格の下落による農業所得の不安定化，過疎化・高齢化といった困難な課題が，先進諸国の共通課題として顕在化し，農業経営の多角化が模索されるようになった。その1つの方策として，農村ツーリズムの導入が農村・農業政策や地域開発政策の一環として進められたのである。

　このように，農村ツーリズムは，資本主義の進展に伴う都市および農業・農村双方の状況変化と密接に関係しつつ発展してきたといえる。また，環境への配慮や持続可能な発展が国際的な課題となる中で，近年の農村ツーリズムにおいては，地域中心志向，地域資源活用，地域管理，環境保全性，双方向的利益など，「適正の土台」に基づく要件を備えた（青木，2004），いわゆるオルタナティブなツーリズムとしてのグリーン・ツーリズムが，日本を含む各国での実践の

主流となっている。

　本章では，イギリスにおける農村ツーリズムの歴史的展開を概観し，その今日的なあり方として注目されているグリーン・ツーリズムを中心に，その特徴および今日的意義を明らかにする。

2．都市・農村問題と農村ツーリズムの発展

　先述のとおり，農村ツーリズムは，都市と農村との関係性の歴史的変化とともに発展してきた。この点について，最も早くから資本主義が発達し，農村ツーリズムにおいても先進地であるイギリスを例に整理してみよう。

(1)　都市・農村問題

　一般に，資本主義の発達に伴う都市と農村との関係の変化とはすなわち，これらが「対立的」な関係になっていくことを指している。そのプロセスをごく簡単にまとめれば次のとおりである（山田，2010）。

① 　機械制大工業の発展と「囲い込み」によって農地を取り上げられた農民が，工場労働者として都市に大量に移動することで，都市においては「過密」，農村においては「過疎」問題が顕在化する。また，農工間の不均等発展が農業の衰退に拍車をかける。こうした問題があるレベルを超えて進行すると，農村社会の存続そのものが困難となる。

② 　機械化および化学肥料や農薬の使用など，農業への科学技術の応用は土地生産性や労働生産性を飛躍的に高めたが，その一方で市場原理の下での生産至上主義に陥ると，自然の物質代謝関係を攪乱し，地力の低下や環境破壊をもたらし，ひいては農業の安定的・持続的発展を脅かすことになる。

③ 　都市人口の増加に伴う都市の膨張によって，周辺の農地が市街地に転換されるなど，無秩序な農地の潰廃が進行する。農業の一層の衰退を招くとともに，身近な田園風景も失われていく。

　このような「対立」はもちろん，農業・農村において深刻な問題となるが，都市住民にとっても脅威となる。例えば，社会的分業の進展に伴う労働者の部分労働化は，長時間労働による労働力の荒廃と相俟って，労働疎外と抑圧をも

たらし，ストレスにさらされた社会となる。また，食糧や農産物供給のグローバル化が進行すると，「食」と「農」との時間的・空間的・社会的乖離がすすみ，安全かつ安定的な食糧の確保という面でリスクを負うことになる。

(2) イギリスにおける農村ツーリズムの発展

　以上を踏まえ，イギリスにおける農村ツーリズムの歴史的展開をみてみよう。

　産業革命以降の大工業の発展によって，農耕や放牧の機会から閉め出された農民は，工場労働者として都市へと大量に流入し，長時間労働や劣悪な住環境の下で過酷な生活を強いられることとなった。また工場から間断なく排出される石炭の煤煙は深刻な大気汚染をもたらし，都市の生活環境は著しく悪化した。こうした中で，まずは有産階級が，良好な環境を求めて郊外の田園地域や海浜（countryside）へと出かけるようになった。19世紀後半になると，鉄道網や道路網の整備による郊外へのアクセス向上，および工業のさらなる発展と労働の合理化によって所得の向上と余暇時間の拡張がもたらされ，レクリエーション需要は労働者階級にまで拡大し，海岸リゾートを中心として「大衆観光」（マス・ツーリズム）が急速に発展した（Urry, 1990）。さらに，20世紀初頭の道路整備と自動車交通の進展によって，内陸への縦横なアクセスが可能となると，都市近郊の田園地域や丘陵地帯を歩いて楽しむ「ランブリング」が安価な大衆スポーツとして都市の労働者にブームになるなど（畠山ほか，2012），レクリエーション目的での田園地域への入り込みもまた拡大したのである。こうした傾向は第2次世界大戦後の高速道路網の整備，自家用車所有の増加，経済発展と余暇制度の充実の下でより一層顕著となり，1970年代には農村ツーリズムが一般大衆の生活の一部として広く定着するに至ったのである。

　こうしたマス・ツーリズムの急速な発達は一方で，田園地域のアメニティをしばしば脅かすことにもつながった。例えば，ロマン主義派の詩人で，自然保護思想の先駆的な提唱者として知られるワーズワース（Wordsworth, W.）は，1844年に湖水地方内部への鉄道延伸計画に反対する運動を起こしている。利益主義で鉄道を導入することは，大量の旅行者，特に日帰りの旅行者を生み出し，美しい自然を傷つけ，静寂を破壊すること，また，業者の営利主義は，ボート

レースや競馬，飲み屋などの都会の娯楽を当地に持ち込む恐れがあることなどを指摘している（村串，2004）。こうしたワーズワースの危機意識は，19世紀半ばにはすでに，マス・ツーリズムが田園地域のアメニティを破壊する事態が各地で散見されるようになっていたことを意味している。

　その後のさらなる都市化の進行や自動車交通の発達によるアクセスの容易化，ツーリズムへの社会的需要の拡大によって，田園地域においてはスプロール的な農地の潰廃やアメニティの破壊といった問題が幾度となく繰り返されてきた。しかしながら，その度に，こうした問題をコントロールしようとする動きもまた発展している。1886年に設立され，世界で最初の環境団体といわれる「コモンズ保存協会」，土地買収（寄付）によって，貴重な自然や伝統的建造物を保存することを目的とする「ナショナルトラスト」(1895) など，イギリスの田園保全活動・政策は長い歴史を有しているが（平松，2001），ここでは，資本主義的発展の下での社会経済的，空間的変容を背景とする農村ツーリズムの発達によって，社会のあらゆる人々が田園地域を行き交い，またその保全に関する様々な実践が積み重ねられた結果，「田園環境の保全に対する強い社会的意識」（山田，2010）が培われてきたという点を指摘するに留めたい。

(3) 農村ツーリズムからグリーン・ツーリズムへ

　戦後，イギリスにおける都市・農村問題をめぐっては，2つの変化があった。第1に，1947年の「農業法」の制定による農業保護政策への転換である。戦後の外貨不足と2度の大戦における食糧不足の経験を背景に，イギリスにおいては食料自給率の向上とそのための国内農業の振興が目指された。第2に，同年の「都市・農村計画法」の制定である。同法は，厳しい開発許可制度（開発権の国有化）とグリーンベルト（緑地帯）の設置による都市の外延的膨張の抑止を内容としており，農村空間と都市空間の明確な分離による「農村らしさの保全」が以降の都市計画制度の基本理念となった。これらはいずれも，先にみたような都市と農村の対立的関係を緩和しようとする方向であるが，こうした国家政策の転換を可能とした背景には，これまでに「都市住民の中に育まれてきた自然及び田園世界への憧憬」（山田，2010）が重要なファクターとして存在し

ていたと指摘されている。

　さて，このような状況変化と戦後復興を経て，1970年代には農村ツーリズムへの社会的需要がさらに拡大する一方，農業・農村においては深刻な問題が生じつつあった。農産物の過剰問題と価格の下落は，農業収入を減少させ，農村の雇用力を減退させた。また，農業の近代化・大規模化による伝統的な田園景観の変貌や，化学肥料や農薬使用による環境問題も顕在化していた。農家にとっても農業政策にとっても，これまでの生産至上主義的な農業を見直す必要があったが，その代わりに減少する農業収入の補塡が課題となり，農業経営の多角化や新たな雇用対策を図る必要があった。

　また，先述の「都市・農村計画法」では，農村部の開発をできるだけ抑制する政策がとられていたことで，都市側からの旺盛なツーリズム需要を大がかりなツーリズム開発で受け入れるような対応は不可能であった。そこで新たに「農村らしさの保全」に貢献できるスタイルのツーリズムを構想する必要に迫られていたのである（青木ほか，2006）。

　こうした諸条件の下，農村ツーリズムは，農業経営の多角化促進策の主要な柱として位置づけられ，空き部屋等を活用した小規模な農家民宿経営を中心に積極的な導入が図られた。政府の農業普及組織などの全面的な支援の下で，個々の農家民宿は次第に組織化され，全国組織である「農家ホリデー協会」（Farm Holiday Bureau，2002年に英国農家民宿協会Farm Stay UKに改組）が結成される1980年代には，これまでの「イギリス社会にはなかった価値観とスタイルを持つ」（青木ほか，2006）ツーリズムとして確立したのであった。

　このような，都市からの旺盛な農村ツーリズム需要に応えつつ，それを農業や農村振興など，地域課題の解決のために積極的に役立てようとする，新たな方向性をもった農村ツーリズムは，1990年代には「グリーン・ツーリズム」政策として，それまでのものとは一線を画して推進されるようになった。従来のツーリズムとの違いを念頭において，その特徴をまとめれば次のとおりである。

　第1に，収益第1主義からは距離を置き，概して小規模で，地域の自然的および社会的環境への配慮を重視しつつ，訪問者，コミュニティ双方にとって利

益がある関係を目指している。また，農家民宿については，厳しい「等級制度」(grading system) や「監査・助言制度」(inspection) を設けるなど，素朴ながらも高い質を確保する仕組みが用意されている（青木，2004）。第2に，田園景観や文化，歴史，食，野生生物など，田園地域の特性を活かした楽しめる活動を提案し，ひいては人々の田園地域への理解と関心を深め価値観の共有を図ることを重視している。第3に，地域住民を主体とし，様々なパートナーシップの下で運営されているなどである。

さらに，1992年の「地球サミット」において，持続可能な発展が国際的課題とされたことを反映して，1990年代後半には「持続可能なツーリズム」の考え方もまた，グリーン・ツーリズム政策の中で重視されるようになっている。小山の整理によれば（青木ほか，2006），イギリスの実践におけるグリーン・ツーリズムと持続可能なツーリズムとの違いは，前者が，農村ツーリズム需要の拡大期に，農村地域の関係者のおおよその合意を得て，ツーリズムを望ましくない開発として排除せずに，農村のために活用する方向へ「誘導するために用意されたビジョンであり，運動スローガンであった」のに対し，持続可能なツーリズムは，これまでの「グリーン・ツーリズムの原則と実践経験を踏まえた上で，ツーリズムを農村地域に定着させるためのマネージメント概念として導入されている」という点にある。後者においては，ツーリズムによる環境へのインパクトの軽減や地域環境の質の向上など，環境への一層の配慮がみられると同時に，農村コミュニティの持続可能性を実現するための実践的な取り組みがより強調されるようになっている。具体的には，「雇用が増え，地域にある生産物や技術が活用でき，地元のエンタープライズ（ビジネス）の収入増につながるタイプのツーリズムの推進」，「地域住民にトレーニングおよびアドバイスを提供し，ツーリズム開発から利益を得るために必要な技術やノウハウの修得を促す」など，いわば，コミュニティ・ビジネス的な自立的かつ持続的な展開が具体的に目指されるようになっている。

現段階における実際の取り組みとしては，イギリス全土で3,000戸近くある（青木，2010）とされる農家民宿が中核でありつつも，農業・農村の多面的価値

を活かした多角的・複合的な経営へと発展している。例えば，EUの補助制度を活用し，環境保全型農業に転換を図ったことを契機に，農場内の納屋を改装して有機の農産物や食肉，その加工品の直接販売や併設レストランで提供できるような店舗を設置，さらに，農場内を散策の場や子どもたちの環境教育の場として開放するというようなケースである。こうした展開によって，地域に新たな雇用も生まれ，特に農家女性の活躍の場となっていること，また，これまでの個別農家が私的に経営する農場という意識から，農場および周辺の美しい景観も含めて，これらが地域の共有すべき財産であるという意識がコミュニティに芽生えていることが指摘されている（青木ほか，2006；青木，2010）。

3．グリーン・ツーリズムの今日的意義

19世紀後半からの大衆的な農村ツーリズム需要の急増は，交通手段の発展や相対的な余暇の増大を背景としつつも，根源的には当時の都市の過密や労働疎外といった，都市と農村の対立的発展による人間生活への矛盾がそれだけ激化していたことを物語る。都市の劣悪な生活環境と過酷な労働から，たとえ一時的にでも離れ，海浜や田園地域などの自然的空間で過ごしたいという欲求は，人間にとって切実なものであるといえよう。

その意味では，農村ツーリズムという現象は本質的に，都市と農村の対立関係を「緩和」しようとする方向性を有している。また，「観光の価値創造性は，とにかく観光の全場面で生まれる」（大橋，2010a）ことから，観光開発は農村地域（低開発地域）活性化の有力な手段となってきた。しかしながら，それが市場原理に支配された形で無秩序に行われた結果，オーバーユースによる自然環境の劣化や過度の開発によるアメニティ破壊など，いわゆるマス・ツーリズムの弊害によって新たな対立関係を生み出し，しばしば批判の対象となった。

これに対してグリーン・ツーリズムは，環境への配慮や自然的および社会的持続可能性の重視といった基本理念の共有に基づき，生産至上主義的な農業の見直し，および都市住民と農村住民の対等かつ双方に意義や効果のある交流活動の創出によって，都市と農村の対立関係を緩和し，互いの均衡ある発展を目

指すといった，いわゆるオルタナティブな試みとして発展してきたといえよう。その今日的な意義についてまとめれば次のとおりである。

　第1に，地域資源や地域農業の多面的価値の見直しと新たな活用，さらには農業経営の多角化・複合化を促進することによって地域農業経営や地場産業を支えることに貢献している。特に条件不利益地など，大規模かつ近代的な農業生産に適さない地域において，ツーリズムを活用しながら多様な農業の営みを維持できることの環境的・社会的意義は大きい。また，新たな農的ビジネスの創出と雇用の拡大につながることも期待されている。

　第2に，農業・農村の社会的価値を向上させることで，農村や農業者の仕事やライフスタイルに対する「誇り」を取り戻すことに寄与している。また，これまでの農業経営においては従的な立場に留まることの多かった女性や高齢者が，グリーン・ツーリズムにおいて主要な担い手として活躍の場を得ており，経済的・社会的な自立を促すとして評価されている。

　第3に，持続可能な社会を実現するための具体的実践，すなわち「持続可能な開発のための教育」(Education for Sustainable Development：ESD)としての意義である。これからの社会づくりに参画する力を持った人材を幅広く養成することに貢献する。

　第4に，社会の変革を準備する意義である。都市・農村問題という最も根源的な課題から，これまでの価値観や社会のあり方を問い直すことを通じて，より豊かで暮らしやすい社会への社会的合意を用意するだろう。

（大浦由美）

第8章
観光と文化

1．文化論的転回と観光研究

　culture（文化）は，英語で最もややこしい語の1つといわれている。cultureの前形はラテン語の*cultura*で，語源は「住む」・「耕す」・「守る」・「敬い崇める」という広い意味を持つラテン語の*colere*である。*cultura*は，「耕作・手入れ」という意味で，これが古フランス語の*couture*，フランス語の*culture*を経由して，15世紀初めまでに英語に入ってきた。この語の当時における主な語義は，「耕作」や「自然の生育物の世話」であったが，現在では，①「知的・精神的・美学的発達の全体的な過程」，②「ある国民，ある時代，ある集団，あるいは人間全体の，特定の生活様式」，③「知的，特に芸術的な活動の実践やそこで産み出される作品」という用法で使われている（Williams, 1983）。

　文化人類学や文化地理学といった学問分野では，20世紀中頃に文化という用語を，ある集団に特有の観念や行為のパターンを指し示すものとして利用するようになった。これはほぼ先の②の用法であり，文化は，個人を超えたところに存在する超有機体的なものと考えられたのである。しかしながら，1980年代に入ると，かかる静態的な文化の理解は退けられ，文化という差異化されたカテゴリーを，誰が，いかなる政治・経済的関係の中で創り出し維持するのか，といった動態的な過程が問われるようになった（Mitchell, 1995）。そしてこのような文化に対する理解の変化を背景としながら，1980年代後半から「文化論的転回」とよばれる学際的な文化的次元への知的シフトが生じたのであり，それに伴い観光研究も活発化していくことになったのである。

　人文・社会科学における文化論的転回および観光現象への注目は，資本主義社会で進行するグローバリゼーションという社会的状況が大きな影響を与えて

いる。この状況下においては，世界がますます均質化するなかで，国際分業の中で優位なポジションに位置して資本投下の獲得・保持と雇用創出を果たし消費の中心となるために，経済資本より文化資本を充実して他の場所と差異化する必要性が生じている（Harvey, 1989）。そのため，文化資本の蓄積による観光地化が，場所の資本主義的発達のために重要になるという状況が生じ，研究対象として観光が注目を集めるようになった（Britton, 1991）。加えて，この均質化し流動性が高まる社会の中において，「旅する文化」（Clifford, 1992）とよばれる場所に固着せず移動する文化の諸相が注目を集め，旅やディアスポラといった移動に関する文化的実践，なかでも資本主義社会における象徴的な移動現象である観光が，焦点をあてるべき対象として浮上した。また，文化論的転回における議論は，フェミニズム，ポストコロニアリズム，カルチュラル・スタディーズなどの特権的な力に対する抵抗を提起する諸分野において，他者やアイデンティティの問題など，文化のはらむ権力に注目して展開されてきたという側面もある。観光はまさにかかる問題が密接に関係する現象であるため，文化論的な観光研究が活発となったのである。

2．観光客のまなざし

　人文・社会科学における観光研究は，「観光客のまなざし（tourist gaze）」に関するアーリの研究（Urry, 1990）によって活性化したといえる。彼は，観光という体験の一部には，日常から離れた異なる景色，風景，町並みなどに対して，まなざしを投げかけることが含まれており，このような観光客のまなざしは，社会的に構造化され組織化されていると指摘する。そして彼は，こうした認識をもとに，多様な歴史上の異なった社会集団における観光客のまなざしの発展と歴史的変遷を検討することで，観光現象の考察を行ったのである。

　アーリの検討によれば，観光客のまなざしとは，観光客の所属する文化・社会の記号システムによって編成されるもので，その対象は日常との対照性を有する非日常のものであり，通常は労働と明確に対比され，強烈な楽しみが期待されるものである。そして，このような観光客のまなざしの対象は，彼によれ

ば3つの二項対立に分類される。ロマン主義的まなざしの対象か，集合的まなざしの対象か。歴史的か現代的か。そして，対象が本物かまがい物か，である。

なお，アーリのいう非日常とは，マキャーネルが観光に密接な関係があるとする「他性」として理解することもできる（MacCannell, 1992）。例えば，ゴスによるハワイについての観光パンフレットの分析では，そこに楽園，周縁性，境界性，女性性，アロハのような比喩のかたちで他性の場所イメージが喚起されていることが見出されている（Goss, 1993）。観光地は，観光客にとって魅力的な他性のイメージが布置された場所になっているのである。

こうした他性が関係するがために，観光にはしばしば権力の問題が介在する。この点については，まなざして支配する主体としての西洋，観られ従属する他者としての東洋という二項対立的に生み出された心象地理について考察したサイードの議論（Said, 1978）を参照しながら，帝国主義時代の紀行文とそこに描かれる他所の心象地理が検討されることが多い。例えばダンカンとグレゴリーは，帝国主義時代の植民地を描いた西洋人の紀行文を分析し，それが住民にとっての場所の象徴的な意味を他のものに置き換える翻訳空間であるとし，この象徴を転換する政治により主体に欲望とファンタジーを与え征服を正当化していることを指摘している（Duncan and Gregory, 1999）。

3．出会い

観光現象の特徴としては，その「出会い」の性質もしばしば指摘されている（Crouch, 1999）。観光とは，様々な，人・イメージ・モノなどと観光客が出会う現象なのであり，またそれがために観光空間は異種混淆化するのである。この点についてストリブラスとホワイトは，こうした異種混淆性を，日常でないものとしてステレオタイプ化された他所ととらえる場合と，異種混淆性そのものを捉える場合に区別し，その関係を理解しようとした（Stallybrass and White, 1986）。ストリブラスらは特に，後者の意味での異種混淆性を強調して，空間内部での意味の「内容」を動的に記述する方向性を打ち出している。そして彼等は，リゾートなどの象徴的な場所が彼方の他所に構造的に依存している

と考え，そこが中産階級の主体形成との関係から，野卑な下層市民／女性／野蛮な外国人／田舎／植民地が想像上で結びつけられるという象徴操作がなされていると指摘し，またそれが国家による国内統治と帝国主義の戦略と親和的になっていることを論じている。先のダンカンとグレゴリーが翻訳空間として紀行文を捉えた視座にあるように，「出会い」の空間としての観光空間は，自己と他者の関係性に起因する文化的な政治が展開されているのである。

このストリブラウスらの議論は，特定の観光空間を異他なる空間と関係論的に捉えるものとなっていることに特徴がある。こうした点では，資本主義の発達過程が空間的障壁を減らして空間を再編したこと，すなわちハーヴェイが指摘する資本主義による「時間─空間の圧縮」が深く関係している (Harvey, 1989)。生産効率の向上を図るために運輸通信技術の革新と普及を促進したことが，観光客の行動圏を拡大するだけでなく，人々の想像力を世界中の様々な異国にまで押し広げることで，より遠方のイメージを観光客の憧れの対象とすることを可能としたのである。このようにして観光の空間は，日常と対比される他所のイメージが投影された場所であると同時に，様々な旅する他所のイメージが出会う異種混淆的な空間となっているのである。この他所イメージの2つの次元は，ローカリゼーションとグローバリゼーションという，近現代社会を語る際のキーワードと対応させて考えることもできる。すなわち，観光空間に投影された非日常の他性のイメージは，イメージのローカル化の現象として，観光空間で出会う様々な他所イメージは，グローバルに移動し旅するイメージとして理解することができるのである。

このような観光空間の多様なイメージの相互関係を理解するにあたり，観光空間の文化的形成を「イメージ」と「神話」という2つの概念を用いることで簡潔に説明したシールズの議論が参考になる(Shields, 1991)。この神話とイメージの概念はいくつかの観光研究で援用されるものであるが，シールズの考え方には特にブルジョワの神話形成を批判的に分析したバルトの研究 (Barthes, 1957) の影響が見受けられる。バルトの定義によれば，神話とは，先立って存在する記号の連鎖を出発点として形成された，二次的な記号体系である。シー

ルズはこのバルトの定義を敷衍して，観光空間にはわれわれを惹きつけるいくつかの「境の場所神話」が形成され，それはその空間の「中心となる場所イメージを核にある一連の場所イメージ群によって形成される」と非常に簡潔な定式を導き出している。そしてシールズが，「境の場所神話は他の境界的な名声を得た場所神話を経由した想像の地理上にある」というように，それは異他なる空間との関係性の上で成り立つのである。

4．境界性

　境の場所神話について論じるシールズは，イギリスのブライトンの浜辺のような観光のための空間を「境界域」であるとし，そこが非日常的実践の空間であることを指摘している。ここで彼が使う境界という用語は，ターナーによる「境界」の議論（Turner, 1974）に基づいている。ターナーは，ファンヘネップの指摘した「分離」→「過渡」→「再統合」という通過儀礼（Van Gennep, 1909）の第二段階における境界性の状態について検討し，そこでは日常の秩序が逆転したり解体したりして，非日常的な状況が生じるとしている。この通過儀礼の過程は，目的地へ行って帰るという観光行動と類似しているばかりでなく，第二段階における境界性の状態に，観光を語る際に強調される「非日常」の性質が見出されたがために，観光現象を説明するための重要なモデルとなっている。そこでシールズは，観光空間の非日常的な正確を説明するにあたり境界域という用語を用いたのである。

　ただし，ターナーは，無意識の構造が境界性の段階に存在していることを認めており，境界性の状態には日常的な要素も見出されている。こうした両義的な性質は，観光研究においてしばしば議論されている。例えばマキャーネルは，観光客には非日常の時空間に本物の世界を見出しそこに真正性を求める欲望があると指摘しているが（MacCannell, 1999），一方でブーアスティンは，観光の経験とはおなじみの環境の泡のなかで行われるとする疑似イベント説を唱えている（Boorstin, 1962）。この点について，ロジェクは，観光地に非日常性と日常性という対照的な2つの性質を見出しており（Rojek, 1997），さらにフェザー

ストンは，このような空間に，管理と脱─管理の2つの性質があるとし，そこを秩序化された無秩序の空間だと指摘している(Featherstone, 1991)。すなわち，完全な非日常の空間であれば，旅行者の安全性は確保されないし楽しみのコードも通用せず，また何某かの他性がなければ観光客にとっての魅力はなくなるのであり，観光空間を成立させるのはこの両義的な性質であると考えられるのである。

　こうした観光空間の性質について，資本主義によって生産される社会空間について論じたルフェーブルの議論（Lefebvre, 1974）が参考になる。彼はこうした空間が，均質性へと向かいもろもろの現存の差異や個別性を縮減する傾向にあるのに対して，あらゆるものを断片化して新しい空間である差異の空間を創出するという「矛盾した空間」であることを指摘している。そして差異の空間は，「エロス化され，あいまいさをとりもどし，欲求と欲望の共通の誕生地をとりもどす」のだとし，差違の空間である「余暇の空間」は「社会的なものと心的なものとの分離，感覚的なものと知的なものとの分離，そしてまた日常と非日常（祝祭）との分離といった諸種の分離をのりこえる傾向」にあって「とりわけ矛盾に満ちた空間」になることを論じている。こうした彼の議論は，世界を均質化するグローバリゼーションと，差違化を求めるローカリゼーションといった，資本主義社会における傾向をまさに説明するものであるといえる。

　なおルフェーブルは，こうした社会空間の生産を理解するために，「空間的実践」，「空間の表象」，「表象の空間」という3つの空間の次元を認識することを提唱している。「空間的実践」とは，「知覚された空間」，すなわち高速道路や家屋の配置などといったそれぞれの社会構成体を特徴づける特定の場所や空間配置などの物質的な空間の次元である。「空間の表象」とは，知・記号・コードといった空間の言説と関わる空間の秩序であり，意識的に操作される「思考された空間」，すなわち都市計画や地図製作にあたって構想される空間である。そして「表象の空間」とは，象徴・映像・イメージを介して直接「生きられる空間」，すなわち芸術家の表現する空間でありユーザーが生きる空間である。ルフェーブルはこの3つの次元の空間の三元的な弁証法により社会空間が生産

されると捉えている。

　そしてルフェーブルは，社会空間のなかでも，特に余暇空間のような差違の空間の生産について，こうした枠組みを念頭に頻繁に論じている。例えば彼が，「航空輸送をともなう新資本主義の空間的実践においては，空間の表象によって表象の空間（太陽，海，祭り，浪費，支出の空間）を操作することができるのである」と述べているように，観光空間はかかる認識でその生産について理解することが容易になる。また，差違の空間である観光空間が矛盾した空間となることは，この認識によって，そこに欲望が投影され，生きられた空間である「表象の空間」が卓越しているからだと考えることができる。一方で，生理的な物質的欲求を満たすため，思考された「空間の表象」によって空間の均質化も果たされる。そのため，ルフェーブルが「快楽と生理的な満足とが一体化するのは『余暇』を専門にする場における余暇活動においてである。休日のリゾート地しかり，農村しかり，雪原，太陽が輝く浜辺しかりである」というように，この両者の傾向が観光空間では併存すると同時に顕著となるのである。

5．ポジショナリティ

　観光空間のように矛盾した空間で生きる人々は，その両者の傾向の間の容易なギアチェンジの能力，すなわちポジショナリティの変化の能力を開発することでこの矛盾を解決していることが指摘されている（Featherstone, 1991）。こうしたポジショナリティの変化は，観光現象を考える上で極めて重要である。移動の実践を行う観光客は，身体的に，そして時に想像上でもその立ち位置をズラし続けているからである。

　例えばバーバは，ステレオタイプ化された他所表象が，無知で野蛮とされながら幻想的で魅惑的であるという両義的なものであることを論じているが（Bhabha, 1990），観光客がこのうちのどちらの側面を認識するかも，そのポジショナリティによって変化すると考えられる。また先の観光と真正性の問題にしても，観光が国民文化の称揚と密接に結びつく場合があるように（山下，1999），観光客側だけではなく，現地の住民側のポジショナリティに立った考

察が必要となる。太田が，観光客側が作り出したイメージを，ホスト側が客体化することによって，自らのアイデンティティとする過程を指摘したように（太田，1998），観光空間のイメージも，異なる立ち位置の移動の中で生産・維持されている場合があるのである。

このポジショナリティの問題は，「旅する理論家」（Kaplan, 1996）とよばれる論客たちが，自己反省のために自身の立ち位置を見定めようとするのと同時に，様々な立場をとることで他者との関係を流動化しようと試みるなかで，しばしば言及する概念である。このような，ポジショナリティへの注目は，観光について考え，語り，関わる上で極めて重要である。

例えば，持続可能な観光やエコ・ツーリズムなどのオルタナティブ・ツーリズムが，他者にやさしい新しい観光形態として近年注目を集めているが，そうした語りはそれ自体が観光という資本主義的活動の一形態であることを隠蔽しているということが批判されている（太田，1998）。なぜならそれによってオルタナティブ・ツーリズムが生み出す環境破壊や文化の変容が棚上げされてしまうばかりか，観光客の象徴資本としての機能などといったその現象を支えている文化・社会的文脈が見落とされてしまうからである。オルタナティブ・ツーリズムが批判するマス・ツーリズムも，労働者階級の観光を実現したという点で意義があったし，エコ・ツーリズムはバリアフリー・ツーリズムのような弱者に優しくすべての人に観光を可能にしようとする思想とは対立している。絶対的に正義なオルタナティブ・ツーリズムなど存在しないのである。

このように，観光とは他者との関わりの中で機能すると同時に，資本主義社会の中における活動であり，かつ政治や文化など多くの文脈と関係するため，それについて語ること，そしてそこに関わることは往々にして問題含みなものになってしまう。そのため，観光について考え，語り，関与するにあたっては，多様な立ち位置を意識し，常に自身のポジショナリティを自省することが求められるのである。

（神田孝治）

第9章
ミュージアムと科学コミュニケーション

1. ミュージアムの定義

　私たちが海外の都市を観光する際,ミュージアムを訪れることは珍しくない。パリのルーブル,ロンドンの大英博物館などを思い浮かべればよくわかる。一方でわが国では,博物館や美術館などのいわゆるミュージアムは,教育施設の1つとして設置,運営されてきたため,近年まで観光資源としてあまり注目されてこなかった。その根本的な原因は,博物館について規定している博物館法が,教育基本法の精神を受けて制定された社会教育法の中で「図書館及び博物館は,社会教育のための機関とする。図書館及び博物館に関し必要な事項は,別に法律をもつて定める。」(第9条)と明記され,社会教育施設として位置づけられたことによる。縦割り的な行政組織の中では,国では文部科学省,地方では教育委員会の管轄に入る施設が多く,経済活動を伴う「観光」の観点が入りにくい体制になっていた。さらに,博物館は博物館法において「歴史,芸術,民俗,産業,自然科学等に関する資料を収集し,保管(育成を含む)し,展示して教育的配慮の下に一般公衆の利用に供し,その教養,調査研究,レクリエーション等に資するために必要な事業を行い,あわせてこれらの資料に関する調査研究をすることを目的とする機関」(第2条)と定義されている。そのため,法でいう博物館には,第2条でかかげた目的を達成するために文部科学省が決めた要件を満たす必要がある。その要件を満たし,「登録」を受けた施設(登録博物館),登録博物館の要件は満たさないものの,一定の要件を満たし「指定」された施設は博物館に「相当」する施設(博物館相当施設)と分類される。しかし実際は,私たちがミュージアムとして認識している施設の中で,博物館法に規定されている施設は一部であり,その多くは登録も指定も受けていない,

博物館に「類似」した施設（博物館類似施設）である。博物館は先に述べたように行政の中では社会教育施設と分類されているため，これらの動向を知るためには文部科学省が3年に一度全国調査を行っている社会教育調査の結果を見ると良い（本書執筆時点での最新の調査は平成23年度調査である）。平成23年10月現在，全国に登録博物館と博物館相当施設は1,261館であるのに対して，博物館類似施設は4,491館と圧倒的に多い。また，入館者数は全体で2.7億人と国民1人当たり2.2回利用していることになる。

2．観光資源としてのミュージアム

博物館の範囲をその展示分野で考えると非常に広く「歴史，芸術，民俗，産業，自然科学等」と目的の中で定義されているように，ほとんどすべての分野が対象になる。そのため，私たちがミュージアムというと博物館や美術館だけを思い浮かべることが多いが，社会教育調査の中では博物館を総合博物館，科学博物館，歴史博物館，野外博物館，動物園，植物園，動植物園，水族館に分類しており，本書でいうミュージアムもこれらのすべての分野を対象にしたい。ミュージアムの中に動物園や水族館が入るとなると，ミュージアムが「観光資源としてあまり注目されてこなかった」という本章の冒頭の文に違和感を感じる読者も多いだろう。分類の後半に並ぶ施設は，博物館というよりも，むしろテーマパークに近く，特に水族館などは民間の経営も多く，すでに多くの観光客を集める観光施設となっている。法でいう博物館の目的を読み直せば，博物館とテーマパークの最大の違いは，「調査研究」が目的にあるか，ないかであることがわかるだろう。この目的を実現するためには，学芸員とよばれる専門職員を配置し，研究環境を整備しないといけない。学芸員は，博物館法施行規則によってその資格認定が制度化されている専門職である。そのため，登録ないしは相当施設である動物園や水族館は調査研究を含むすべての要件を満たした博物館であり，テーマパークとは一線を画している。一方で，同様に目的の中にある「教養，レクリエーション等に資するために必要な事業」は，観光の目的と一致する。つまり，ミュージアムは法においても当初から観光資源とし

ての能力を持ち得ていたのである。それらの事業が調査研究に比べて，水族館などでは市民の立場から見るとたまたま目立っていて，そのために多くの集客を得ていたことになる。ミュージアムを観光資源として再定義したり，観光事業の中で活用したりする際には，多くの観光客を集める水族館などの事例を参考にすると良いだろう。法の上では，展示対象が違うだけで同じ博物館である。

　実は，博物館を観光資源として捉える動きは，バブル経済の中，行政の中でも進んでいた。1980年代後半，1987年の総合保養地域整備法（通称リゾート法）の制定などを追い風に地方に多くの集客施設が建設された。また，1988年，竹下内閣が行った「自ら考え自ら行う地域づくり事業」（通称ふるさと創生事業）では，使用目的を市町村に一任し，自治体の規模に関係なく一律1億円を交付した。この結果，都市住民を地域によび込むための目玉施設として，多くのミュージアムが建設されることになった。これらの施設の多くは，法で定める博物館の要件を満たすものは少なく，また，教育目的よりも集客を目的としていることから，登録や指定を受けることなく，多くの類似施設を生み出すことになった。例えば，筆者の尾久土が以前に勤務していた和歌山県紀美野町の「みさと天文台」は，1995年，農林水産省の林業構造改善事業に，ふるさと創生で得た基金を活用し建設された類似施設である。農水省予算では目的外の望遠鏡設備などにふるさと創生基金を使っている。集客の目玉として建設当時としては国内最大の口径105cmの大型望遠鏡を持ち，天文学を専攻した専門職員を配置したものの，目的は主に補助事業である森林を活用した都市住民との交流施設であり，博物館としての登録や指定はそもそも考えられていなかった。しかし，このような経緯で建設された類似施設は，全国的に見れば登録施設や相当施設の数を圧倒しているだけでなく，設備やコレクションでもミュージアム業界の中で大きな役割を演じている。このように類似施設は観光学研究の1つの対象として興味深いものである。

3．生まれ変わるミュージアム

　21世紀に入り小泉内閣による行財政改革の中で，公立のミュージアムにも改

革のメスが入った。その中でミュージアムの運営に評価の制度が導入され始めた。静岡県立美術館では2001年から美術館評価のためのワーキンググループが設置され，ベンチマークス（比較指標）を用いた評価システムの開発が行われ先進事例として注目を集めた。これらの動きに先立つ1995年には，新しい時代に対応するミュージアム・マネージメントの方法論を構築しようと日本ミュージアム・マネージメント学会が設立されている。最新のマネージメントの手法を導入して新たにオープンする施設や，評価の結果を受けて積極的に改革を行う施設では，民間が経営する水族館レベルの100万人を超す入館者を集める美術館や博物館が現れ始めた。金沢21世紀美術館ではオープンから8年を経た現在でも入館者数は150万前後で推移しており，一時は空洞化したといわれる中心市街地の活性化に貢献している。他にも独法化への移行後，多くの改革を進めた国立の各ミュージアムでも多くの入館者を集めており，その手法が注目されている。このようにミュージアムは教育研究目的の施設から観光資源としての価値を高めつつあるが，わが国の観光が慰安目的の団体での行動から，教養目的の個人での行動に変化し，ミュージアムがそもそも持っていた機能に近づいてきたと考えることもできるだろう。

4．科学コミュニケーションの必要性

「科学コミュニケーション」なる語を聞いたことがある人は多くないだろう。このような聞きなれない語が観光に関係があるとは思えないかもしれない。

観光にとって，ガイドが重要なことはいうまでもない。科学館や公開天文台はもちろん，自然が織り成す絶景などをそこから地球や環境について学ぶフィールドミュージアムと捉えれば，それらの観光対象は科学的要素を含むことになる。そのような観光対象の価値や魅力を正しく観光客に理解してもらうためには，一般的なコミュニケーションとは異なる独特の考え方や応対が必要となることに気付いている人もまた少ないといわざるを得ない。特に実体を伴った「科学プロダクツ」ではなく自然景観などに内在する意味や物語などの「科学コンテンツ」の場合には，受け手の側に相応の「知」が要求されるだけ

に難しい。そして，そういう場で行われるガイドと観光客とのやりとりは，まさしく科学コミュニケーションなのである。他にも様々な場面で観光行動と科学の接点があり，そこには様々な問題がある。そこで次項では科学コミュニケーションの歴史と考え方を簡単に紹介しておきたい。

5．科学コミュニケーション略史

　科学の専門家が一般市民に向けてわかりやすく解説する営みは，古くから行われていた。特にイギリスでは，19世紀には世界の第一線で活躍する科学者が一般市民や子供向けに講演や実演をする活動も盛んであった。このような営みは，一般市民に向けた科学普及であり，社会教育あるいは生涯教育の文脈で捉えることもできるが，むしろ，国民の科学リテラシーの向上を図ることで，19世紀以降の科学・技術の急速な発展にドライブされた社会システムの変革を牽引する政府の政策に対する国民の理解を得ようとする政策的意図もあったことは否定できない。ともあれ，科学普及はそれなりに機能していた。

　しかし20世紀半ばには，急速な学術的発展に科学者でさえもついていけなくなってきた。専門分野が少し異なるだけで，科学者であっても理解が難しい状況になってしまったのである。一般市民も科学は縁遠いものとなり，各国でいわゆる「理科離れ」が見られ始めるようになる（日本では1980年代の製造業離れに端を発するといわれる）。科学コミュニケーションは「いかに上手に科学を伝えられるか」等の科学教育的な視点から語られ，そこでの「情報の流れ」は専門家→大衆の一方向であることが暗黙の仮定だった。一般市民（社会）は空のバケツのようなもので，満たされるべき科学的知識が欠如しているために諸問題が発生するのだから，解決のためには一般市民に対し科学教育を施すことでバケツを満たせばよい，とする考え方が一般的だった。このような一般市民への科学普及の取組みとその考え方は，「公衆の科学理解」（Public Understanding of Science；PUS）とよばれた。

　イギリスにおける牛海綿状脳症（Bovine Spongiform Encephalopathy；BSE）問題を境に，PUS論は転機を迎える。1980年代以降猛威を振るったBSEに対し，

農業漁業食料省は当時の最新の科学的知見に基づき「人間には発症しない」と牛肉の安全性を訴える声明を出した（1990）にも関わらず，その後にCJD（クロイツフェルト・ヤコブ病）がBSE感染牛を食べたのが原因であるとの可能性を認め（1996），イギリス社会は大混乱に陥った。発症メカニズムが不明であった声明当時の科学では人間に発症することは予期することができなかったこと，声明のベースになった専門家委員会報告（1989）では様々な制約条件を付けられていたにも関わらずそれを行政等が無視したこと等の理由があったとはいえ，現実にイギリス一般市民の科学への信頼は失墜した。科学普及以前に，科学の信頼回復が急務となった。信頼回復のために，公衆からも科学からも相互の「対話」が必要であるという機運が高まった。そこでPUSだけでなく「科学者の公衆理解」（Scientist's Understanding of the Public）を含む双方向的な関係を目指す科学コミュニケーションの考え方が必要となった。次第に「科学の公衆理解の不足」という考え方自体が「欠如モデル（deficit model）」として批判されるようになった。

6．科学コミュニケーションの特異性

　科学・技術に関して専門家と一般市民がコミュニケーションを行うことが，なぜことさらに注目されねばならないのだろうか。なぜ「普通のコミュニケーション」の中で科学・技術が扱えないのだろうか。それは暗黙のうちに私たちが前提にしている「対話の成立条件」にある。

　例えば，一般市民に自らの研究を伝えたいと思っている日本人研究者は多い。しかし科学・技術について知りたい一般市民は少ない。実際に対話をし始めると，一般市民は科学者の伝えたい事柄の方向づけを把握できない。科学者は一般市民が知りたいことや，どのような伝え方をすれば伝わるのかがわからない。科学者の扱いたい「主題」は多くの場合，科学知識（およびそれが一般市民にもたらす福音）であり，科学技術研究を一般市民が支援するべき理由である。しかし一般市民の扱いたい主題は，福音とともに危険性であり，信頼性である。そもそも対話の主題がずれている。

量の問題もある。例えば新聞の科学欄等の記事は，量が少な過ぎて，ある程度の知識（あるいは科学技術リテラシー）がなければ読みこなすことができない。このことは，発信側の情報量が不足しがちであることを示している。ところが相応の科学技術リテラシーを一般市民が身につけるには時間的にも労力的にもコストがかかり，敬遠される。質的には，特に「定説」の定まっていないテーマについて伝える際に問題が起こりやすい。定説がないということは，専門家の間でも見解や主張が異なる場合があるということでもある。個々の発信者（科学者）はおのおの「正しいことを言っている」つもりなのだが，「専門家」の主張が異なると，非専門家である受信者は混乱する。またテーマが社会的・倫理的問題に関わる場合には，利害・関心の異なる関係者が錯綜し，さらに事態は混乱する。言葉はどうだろうか。厳密に定義された科学技術用語は，相手が専門家であれば，直ちに意味を理解できるものであり，明瞭さの向上に役立つ。しかし一般市民に発信する際には明瞭さが著しく下がってしまう。特にその用語が日常のことばを借用している場合には，その日常語としての語感と専門用語の意味するところが乖離しているため，混乱を招く。

　以上のように，通常のコミュニケーションでは当たり前の条件が，科学コミュニケーションにおいてはことごとく成り立っていないのである。科学コミュニケーションを行う者はこのことを理解し，常に意識しておかねばならない。

7．現実の問題と科学コミュニケーター

　「欠如モデル批判」以降，科学コミュニケーションのあり方について，様々なモデルが提唱されてきた。市民は各々の生活の文脈の中での経験知を持っており，そのことを重要視する「文脈モデル」などの立場もある。現実の問題に対峙するには，特定の立場に偏ること無くフレキシブルに考えねばならない。

　例えば，「マイナスイオン」は一見すると科学用語のように見えるが全く根拠のないものであることを踏まえると，大きな滝のそばの土産店で売られている「マイナスイオン水」は観光地の商品としてふさわしいといえるだろうか。タンパク質であるコラーゲンが胃や腸でコラーゲンとしての特性が残らないほ

どバラバラに分解され（これが消化である）アミノ酸として吸収される，という中学校卒業までに学校で習う事実さえも忘れた「コラーゲンたっぷりのお肌に良い鍋」は郷土料理のPRとして適切だろうか。このような，市民の求めるものと科学的な知との齟齬はどのように解決すべきだろうか。

　さらに，2011年3月に起こった東日本大震災に伴う福島第1原子力発電所の事故は，広範囲の放射性物質汚染を引き起こす未曾有の大事故となり，被災地区では放射性物質や放射線と否応無く数十年以上に渡って付き合っていかなくてはならなくなった。当地の住民の現実の暮らしを支えるために専門家と住民との対話が必要であることはいうまでもなく，被災地区を二重にも三重にも苦しめるデマ・風評被害を抑えるための地域外の一般市民と専門家との対話も，喫緊の課題となっている。

　科学コミュニケーションに携わる人を科学コミュニケーターとよぶが，少なくとも日本においては，そのような「職業」はまだ確立していない。科学コミュニケーターの役割を果たす人材は，一定の科学技術リテラシーは必要であるが，科学的専門性を必ずしも有する必要はない。むしろ専門性の有無に関わらず，あるいは科学でなくとも広く「学問」一般について，専門性と非専門性を様々な形で橋渡しする役割とも言えるだろう。

　否応無しに科学・技術は生活の中に入ってきている。観光も例外ではない。そこで起こる社会の問題は，むしろ人文・社会科学を以て答えるべきテーマである。「科学によって問うことはできるが，科学によって答えることのできない問い」（トランス・サイエンスな問い）に答える為の学術的武器は，むしろ人文・社会科学の素養といえよう。その意味で，科学コミュニケーターという役割は，「職業」に関わらず，学問分野横断的な素養をもった人物が活躍することが期待されている。わが国の「科学技術立国」なるブランドを成立させるためにも，科学コミュニケーターの活躍が期待される。

〔尾久土正己・中串孝志〕

第10章
観光情報システム

1．観光と情報

　観光産業は旅行業，交通業，宿泊業など様々な業種を含んだ複合的な産業である。旅行会社が「旅行」という商品を企画・販売する場合，これら業種にまたがって様々な形式の情報をやり取りし，必要な情報を収集しなければならない。海外旅行となれば，さらに多くの情報が必要となる。航空会社やホテルでは空席や空室をリアルタイムに把握し，その情報を提供することにより効率的な運用を図ることができる。一方，旅行者が旅行商品を購入する場合には，商品には実体がないため，メディアを介して与えられた情報をもとに商品を購入することになる。このように，とりわけ観光産業においては情報が必要不可欠で重要な役割を果たしていることから，観光産業は情報集約型産業ともよばれている。

　情報通信技術（ICT：Information and Communication Technology）の急速な発展により，各種産業における情報の処理や伝達の形態は大きく影響を受けてきた。多くの企業では生産の省力化，低コスト化を主たる目的としてICTを利用してきたが，最近では生産のみでなくマーケティングを含む戦略的な経営・管理のためのツールとしてもICTを利用する傾向が強い。観光産業は情報集約型という特性もあり，ICTの恩恵を早い段階で利用してきた産業である。代表的な例としてよく取り上げられるのは1960年代初めにアメリカ航空会社により開発されたコンピュータ予約システム（CRS：Computer Reservation System）である。CRSは当初，航空会社の基幹業務を行う情報システムとして導入されたが，その後，他の運輸機関や宿泊施設などのサプライヤでも予約・販売システムとしてCRSを活用するようになった。さらに予約を業務とする旅行会社等

においてはCRSの利用範囲を拡大し，サプライヤ間にまたがる予約を取り扱うようになり，総合的な旅行情報システム（GDS：Global Distribution System）へと発展した。日本国内においては1960年代前半に国鉄（現JR）の座席予約システム，日本航空の国内線予約システムの運用が開始され，現在では同様に旅行会社等において複数のサプライヤのシステムを連結したGDSとして活用されている。

ICTの発展と観光産業への影響を眺める上で特筆すべきは，1990年代の半ば以降に急速に普及・発展したインターネットの存在である。インターネットによる影響は観光産業全体，すなわちサプライヤおよび観光地，旅行商品を購入する消費者および旅行会社等の仲介業者全体に及んでいる。特に，WWW（World Wide Web：以降Webと称す）とよばれるテキスト配信・閲覧システムの成熟と高速なネットワークやPCが安価かつ容易に利用可能となったことが観光情報の伝達・流通の進展に大きく貢献している。初期の情報システムであるCRSはサプライヤや旅行会社の社内で基幹業務システムとして使用され始め，旅行会社からはシステム専用の端末を遠隔から操作することにより利用していた。しかしインターネットの普及・発展により，予約・販売は消費者自らがWebサイトを通して行うことができるようになった。またPCではインターネットおよびWebブラウザとよばれる閲覧ソフトを介して文章のみでなく，画像，映像，音楽などのコンテンツを高品質で閲覧できるようになった。このように，インターネットは一般家庭にも普及したPCを情報端末としてCRSのような情報システムの一部として，また大量の多種に及ぶ観光情報をやり取りするメディアとしての役割を果たすようになった。

以下，インターネットによるインパクトを中心に，第2節ではインターネットの特性とそれにより観光にどのような影響が及ぼされたかを，第3節では最近の観光の形態の変化とその中でのインターネットおよびICTがどのような役割を演じているかについて概観する。

2．インターネットの特性と観光への影響

インターネットおよびWebの特性を見る観点としては，その情報伝達能力と情報表現能力およびインフラとしての普及の3点が挙げられる。これら観点よりインターネットが観光に及ぼす影響について眺める。

(1) 情報伝達能力

情報伝達能力としては，まず速報性がある。これは情報の変更などをリアルタイムに伝達する能力である。サプライヤや観光地はこの能力により予約における空室や空席の状況，あるいは現地における交通状況や天候状況など，刻々と変化する情報をリアルタイムに提供することができる。旅行者は調べる対象が日本国内であっても海外であってもこれら情報を瞬時かつ正確に，しかも24時間いつでも得ることができる。またインターネットでは高速ネットワークにより大量の情報を遅延なく容易に伝達することができる。この能力と後で述べる情報表現能力により旅行者は旅行商品や目的地に関する様々な情報を短時間で得ることができるようになった。

上で述べた情報伝達は情報の発信側であるサプライヤや観光地から受信側である旅行者へという1方向の流れであるが，インターネットの情報伝達能力として注目すべきものに双方向性がある。これは情報の流れを発信側から受信側への流れのみでなく，その逆方向の流れも可能とする能力である。この能力により旅行者は普段使い慣れているWebサイトから居ながらにして旅行商品を予約・購入することが可能となる。また旅行者はWebサイトを通して観光地や旅行商品に関して得られた情報に対する意見・感想などを伝えることもできる。これら情報はサプライヤや観光地にとっても有用で，消費者からの直接的な反応として種々の改善やマーケティングに活用することができる。さらにこの能力は発信側および受信側という関係を超えて，多対多の人間同士で情報を交換し合うコミュニケーションの場を提供するまでに発展した。旅行者がSNS (Social Networking Service)，ブログあるいは口コミサイトなどのコミュニティサイトに旅行の体験談などを書き込むと，さらに詳細な情報の要求，様々な意見や別の体験談などが交わされ，情報量を増しながら伝達される。このコミュ

ニティ形成の能力により，旅行者は発信側からの一方的な情報のみでなく，体験者の評価などの情報を得ることができ，旅行の計画や候補地の選択に活用することができるようになった。

(2) 情報表現能力

情報は種々の表現要素の組合せによって表現される。表現要素には文字，数字，絵や写真などの画像，会話や音楽などの音声および映画やビデオなどの動画がある。情報はメディアを介して伝達される。厳密にはメディアには放送や新聞のように情報を伝達する手段と，紙やCD／DVDのように情報を記録する手段という2つの意味を含む。Webはあらゆる組合せの表現要素から成る情報をインターネットを介して伝達し，ページとよばれる一定の形式にレイアウトして表示する情報システムである。また表示された情報はPC内に取り込んで記録することもできるため，Webは伝達と記録の両方の特性をもつものといえる。

旅行者が旅行商品や観光地に関する情報を得るためにはメディアを介して対象とする情報を収集する必要がある。これら観光情報は旅行雑誌や新聞あるいはガイドブックなどの紙メディアが主流となっていた。紙メディアは文字・数字および画像からなる情報を大量に扱うことができる。TVでの旅番組なども有力な情報源である。TV放映は動画，音声を扱うため，分かり易くかつ膨大な情報量を伝えることができる。TV放映はまた，速報性という情報伝達能力も合わせ持っている。このようにメディア毎に情報の量，分かり易さなどそれぞれ特徴を持っているが，Webはこれら特徴を併せ持つ総合的な情報メディアであり，Webにより動画や音声も含めたあらゆる表現要素の情報が容易にかつ任意の時間に入手できるようになった。またインターネットはコンピュータネットワークであり，デジタル化された情報が伝達される。発信側に蓄積されたデジタル情報あるいはWebを介して受信側のPCに記録したデジタル情報はそのまま印刷したり，CD／DVDに移動したりすることにより異なったメディアへ変換し，保管・配布することができる。例えばWebで入手した目的地の地図や観光スポット情報を印刷して持ち歩くということもできる。このよ

うに情報をデジタル化し，種々のメディアに活用する方法をマルチユースとよび，観光情報の管理・活用にとって有効な手段である。インターネットの活用を通して観光情報のデジタル化が推進されることになろう。

　一口に観光情報といってもその内容は多種にわたり，また利用する目的やタイミングによって流通する内容や手段が異なる。一般的に旅行者は旅行前には観光対象の候補を調べ，比較するための情報入手，目的地が決まると具体的な計画を立て，予約等を行うための情報入手と発信，旅行中には目的地に関する詳細な情報入手および旅行後には体験談等の情報発信を行う。またそれぞれの行程において，情報の時間特性，すなわち時間変化が殆どない静的な情報（静態情報）か時間変化のある動的な情報（動態情報）かも考慮される。前述のインターネットの情報伝達能力により任意の時間に情報入手ができるという点に加えて，予約，体験談の発信あるいは動態情報の入手などが容易かつ効果的に行えるようになった。Webの情報表現能力が最も発揮されるのは旅行前に参照する観光情報である。観光対象の説明文章に加えて鮮明な写真や動画などを同時に表示することにより旅行者の誘致を推進することができる。またインターネット利用者は必要に応じてページ内のリンクを辿ることにより，Webサイト内や関連する情報を含む他のWebサイトへアクセスして情報量を増やすこともできる。

(3)　インフラとしての普及

　インターネットの伝達・表現能力を実現するための基盤である通信およびPCの高性能化とコストの低廉化が進み，インターネットは情報流通のインフラとして整備されてきた。平成23年のインターネットの個人利用者数は9,600万人を超え，インターネットはもはや単なる趣味や娯楽のためのツールではなく，日用品的な情報収集ツールとしての位置を占めるようになった。また観光情報の流通の形態も変化してきた。旅行前に参考とする情報として，平成20年度より，「インターネット」が「家族・友人の話」を抜いてトップに立った。インターネットの中でも口コミ情報がよく参照される結果となっている。

　このようにインターネットが安価で強力な情報流通ツールとして普及するこ

とにより，これまでコスト面で情報発信が困難であった小規模なサプライヤがWebサイトを構築し，そこで旅行会社のような仲介業者を介することなく自由な情報発信と直接的な予約サービスを実現することが可能となった。また，予約専用サイトを運営するインターネット事業者も増えてきた。これら流れにより旅行会社は独自のWebサイト構築を進める一方でこれまでの旅行商品の販売方法を見直す必要性が生じるなど，観光産業におけるビジネスモデルが変貌することとなった。情報発信の面では地域からの発信という観点も注目に値する。地域の小規模なサプライヤのみでなく，観光地が旅行会社や出版社を介さずに直接観光情報を発信できるようになった。この観点は観光形態の変化という流れの中でインターネットを中心としたICTの役割を見直す際にも重要である。

3．観光の形態の変化とICTの役割

観光の形態は従来の団体旅行で代表されるパッケージツアーから，個人旅行を基本とするニュー・ツーリズムに移行しつつある。ニュー・ツーリズムは着地型あるいは体験型のツアーであり，単に観光するという目的から体験するという目的に変わり，旅行会社ではなく地域が主体となって企画・運営し，情報発信する観光形態である。この変化におけるインターネットを含めたICTの役割について眺める。

(1) 地域からの情報発信

インターネットおよびWebサイトがインフラとして低コストで活用できるようになり，地域の観光地，サプライヤおよび地方自治体や観光協会などの公共団体から容易にかつ直接的な情報発信ができるようになった。地域情報には旅行客が旅行前に参照する発地情報と，旅行中に参照する着地情報の2つの側面がある。ニュー・ツーリズムでは，発地情報としての情報ニーズは観光対象の説明に加えてその地域ならではの魅力やイベントなどを伝える情報である。この情報はネット事業者や旅行会社のポータルサイトからは発信し難いもので，地域が主体となって発信することにより達成される。実際にその地域を訪

問した旅行者からの口コミ情報もこの情報ニーズを満たすための有用な情報となりうる。

ニュー・ツーリズムではもう1つの側面である着地情報に対しても新たな変化をもたらしている。旅行の目的の個性化・多様化に伴い，旅行前にあまり情報収集を行わずに目的地においてその地域特有の穴場情報などを探すことを楽しむ，あるいは事前に殆ど計画を立てず，行き当たりばったりの旅を楽しむといった傾向も見られるようになった。このような旅行客に対しては旅行中または目的地においていかにニーズにあった情報を提供できるかが重要となる。代表的な着地情報として現地で入手する地図やパンフレット，また各種案内標識などがあるが，ニュー・ツーリズムにおいては時々刻々と変わるイベント・体験情報や交通情報などの動態情報が情報ニーズとして高い。これら情報は紙メディアではタイムリに提供することが難しく，Webサイトによる提供が適している。ただし旅行中においては携帯電話等のモバイル型情報端末の使用が主体となり，情報表示上の制限があるため案内所での人的対応など，着地側での他の情報提供手段との併用が適切である。

(2) 地域ブランディング

地域からの情報発信のうち，発地情報に関してはあまり知られていない観光対象の認知度を高めるという効果もある。Webサイトによる情報発信により，旅行会社のパッケージツアーや旅行雑誌の記事としては取り上げてもらえなかった地域の観光対象を，地域主体で発信することができ，旅行者の目に触れる機会を大幅に増やすことができる。つまり，インターネットおよびWebサイトは多種多様な地域情報発信を行うメディアとしての機能に加えて地域ブランドを形成するためのブランディングツールとしての機能（Webブランディング）を持ち合わせている。Webサイトにより効果的に地域ブランディングを行うためにはいくつか考慮すべき点がある。

Webサイトへの訪問者に観光対象の名称を覚えてもらい，地域ブランドとしてのイメージを高めてもらうためには，Webサイトがブランド体験の場として有効に機能する必要がある。ニュー・ツーリズムにおける観光情報ニーズ

に沿った地域情報をWebサイトの情報表現能力を活用して発信するとともに，双方向性という特性をもつ情報伝達能力を活用してサイト訪問者とのきめ細かなコミュニケーションさらにはコミュニティ形成を図る場の提供などの工夫により旅行者の満足度を上げる対策が必要となる。ただしWebサイトを訪問するインターネット利用者の80％はキーワード検索により対象となるWebサイトを見つけている。つまり，利用者がキーワードとして指定する観光対象の名称や特徴を知っている必要があり，Webサイトを開設しただけでは訪問してもらえない。このため，パンフレット等の紙メディアやTV，旅行雑誌などのマスメディアを通して名称を知ってもらうきっかけを作ることも重要となる。

また，情報システムであるインターネットには前節で述べた特徴に加えて，アクセス履歴をログ情報として自動的に蓄積する機能がある。このログ情報の解析によりWebサイトであれば訪問者の数やサイト内の訪問ページ，滞在時間などの訪問者特性を把握することができる。ログ情報には訪問者の年代，性別などの詳細な属性は含まれないが，アンケートやヒアリングといった調査手段を用いることなく訪問者ニーズをつかむことができる。これら解析結果はWebサイトの改善やマーケティングなど活用できるため，ブランディングという観点でもWebサイトの有効利用が期待できる。

インターネットは観光情報の流通にとって欠かせない情報ツールおよびメディアとなり，今後さらに普及・発展が見込まれる。しかし情報格差の問題などもありインターネットはまだ万能ではないため，他メディアと相互補完しながらバランスのとれた情報流通を考慮することが必要である。

〔田中　豪〕

第11章
観光地の栄枯盛衰と観光戦略

　観光の運営がうまくいくかどうかは，どのように決まるのか。観光資源の有無や観光資源それ自体の集客力によって決まる，というように受身的に理解してはいけない。もしそのように理解しているなら，その考え方は変えた方が良いかもしれない。なぜならば，観光の運営の成否が観光資源それ自体が持つ集客力によって決まるならば，現在観光地として繁栄していない場所は，未来永劫観光地として繁栄することはないと考えられるからである。

　これまでの観光は多くの場合，このような受身的な認識に立っていたことが多いと考えられる。つまり，ある観光資源に人が集まるから観光地として売る。たくさんの人に来てもらえるから，それに対応するための施設を作る。そして観光地として栄える。しかし，たくさんの観光客がやってくる状態が永続的に続くとは考えられないので，その流行が終われば多くの観光地は廃れていき，そこには巨大な設備だけが残され，観光地としての運営が非常に困難になると考えられる。

　このようにならないためには戦略的な思考が必要だと考えられる。環境の変化やそれへの適応を前提として，獲得するべき目標を冷静に分析し，それに向かう適切な活動を確定する。つまり戦略とは，現実に行われる活動あるいは活動計画に先行して行われるもので，経営体が成功するのか失敗するのかに多大な影響を与えるものと考えられる。

　そこでこの章では，観光地の発展する状況をバトラー（Butler, R. W.）の所論に基づいて簡単に紹介し，その上で戦略的な思考がいかに重要であるかということを説明する。

1．観光地の栄枯盛衰

　観光地の展開事情を理解する際には，「観光地ライフサイクル・モデル」の概念が有効であろう。観光地ライフサイクル・モデルとは，個別の製品には市場への導入から撤退にいたるまでライフサイクルがあるとする製品ライフサイクル・モデルを観光地に適用したものである。製品ライフサイクル・モデルは，ある製品は開発された後市場に導入され，成長期，成熟期を経て衰退すると考えるもので，時間的推移に応じた販売量の変化を示したものである。それに対して観光地ライフサイクルは，縦軸に販売量に代えて来訪客数を置いたものである。

　観光地ライフサイクル・モデルは，バトラーが提示したもので，観光地は，観光地としての開拓期（exploration）→登場期（involvement）→発展期（development）→成熟期（consolidation）→停滞期（stagnation）の順を辿り，その後に衰退期（decline）あるいは回生期（rejuvenation）もしくはその中間的形態のものを迎えるというものである（図表11-1）。

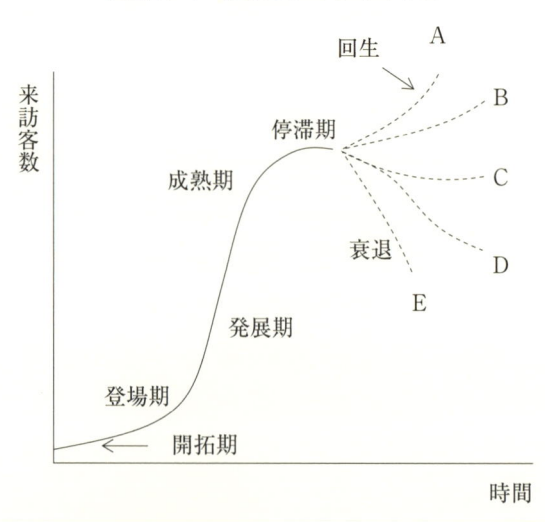

図表11-1　観光地ライフサイクル

(出所) Butler（1980）。

　これは観光地それ自体を動的なものとして捉えていることを意味している。

すなわち，来訪者の欲求・趣向の変化，経年による設備の老朽化，観光地そのものの自然環境や文化の変容などの要素によって観光地そのものの魅力が失われてしまったり，他の観光地と比べて相対的に魅力的ではなくなってしまうことが考えられるのである。以下ではそれらの諸段階を簡単に説明する。

(1) 開拓期

この段階は，観光客としてはごく少数の来訪者しかいない状態，すなわち，その土地の魅力，あるいはその土地の特殊性にほとんどの人が気づいていない状態である。言い換えれば，その地域はまだ観光地とよべるような状態ではなく，地域住民が普通に生活を行っているところにごく少数の来訪者が訪れている状態である。この段階では，その地域を訪れる来訪者の関心は，その地域のそのままの（観光地化されていない）環境，あるいは地域住民との交流に向けられていることが多いため，来訪者向けの特別な設備は必要とはされないし，来訪客数が少ないために来訪者がその地域の経済・社会に与える影響も少ない。

(2) 登場期

この時期は，ある一定数の来訪者が訪れるようになったため，来訪者に対して第一義的な観光用設備が提供される段階である。この段階での来訪者の関心は，開拓期と同じく地域住民との交流に向けられていることが多いために，来訪者の増加によってそれに対応する地域住民も増加することになる。また，この段階が進むに従って，観光客向けの広告・宣伝活動も始まり，それに応じて観光客も増加して行くので，観光に関係する地域住民の社会生活に変化が生じ始め，地方自治体や公共団体などは観光客向けの交通整備や設備の充実や改善の必要性にせまられる。それゆえ，この段階が観光地としての最初の段階であるといえよう。

(3) 発展期

この段階は，観光地としてある程度幅広く知られるようになり，多くの観光客が訪れるようになる段階である。この段階になると，地域住民が中心となった開発は急激に少なくなり，それに代わって地域外の資本による大規模施設や最新の設備が出現する。人工的な施設などが増え，そもそものその地域本来の

自然環境や文化に変化が起こることを意味する。地域外の資本の流入は，新たな副次的な観光関連の産業を生みだしたり，地域内の雇用促進，あるいは地域外からの労働者流入に伴う人口の増加を加速させるという利点もあるのであるが，地域外の資本は，地域全体の方向性とは異なる目的を持つことが多いため，地域全体が主体となって観光地の全体的な計画・方向づけを困難にすることにもつながる。

(4) 成熟期

この段階になると，全体の観光客数は増加するが，その増加率は小さいものとなる。マーケティングや広告宣伝が広く行き渡るので，その地域の観光シーズンや市場エリアは非常に幅広いものとなる。その結果，地域の人口と比べてはるかに多くの観光客が訪れるので，その地域の経済状態がどのような状態にあるかは観光の状態に密接に関連する。しかし，地域が観光を中心とした状態になっているがために，例えば観光とは関係の薄い活動を行っている者にとっては，その活動が非常に限定されたものになってしまったり，そもそも以前からその地域で観光関連の事業に携わっていたものにとっても，その設備が相対的に古い，あるいは魅力が薄いと感じられてしまうものとなってしまうために，不平・不満が出てくることもある。

(5) 停滞期

この段階に入ると，その地域は十分に観光地としてのイメージを確立し，来訪客数はピークに達する。観光地として収容限度の，あるいはそれを超えた観光客が訪れるために，それに付随する環境的問題・社会的問題などが発生する。観光地開発は，引き続きその多くは地域外の資本によって周辺地域にまで広がり，観光資源もそもそもその地域に存在した本来の観光資源とは異なった人工的なものとなる。また，周辺での開発が進むために余剰の宿泊施設も出てくることも予想され，観光客数維持のための広告・宣伝が必要となる。それゆえこの段階ではマス・ツーリズムに依存した傾向が見られる。

(6) 衰退期

その次の段階の1つとして考えられるのが衰退期である。当然ながら観光地

は激しい競争状態におかれている。そのため新しい他の観光地との競争に負け，観光客が減少していくことが考えられる。観光客が減少すると大規模観光施設は不採算なものとなり，地域外からの資本や労働者は撤退をはじめ，観光施設であったものを観光外の施設に置き換えることも始まる。いわゆる観光地としての魅力がなくなっていく状態である。この傾向が続くと，地域住民あるいは地域それ自体が観光に関わることが多くなる。つまり，観光地としての価値が減少し，地域外の資本が退出していくことによって，そのエリアの資産価値が下落するので，地域住民が観光用であったホテルなどの施設を購入し，違った用途のものに改装して使用することが考えられる。その場合，多くは観光用にも使用できるものではあるが，観光客が減少していくこともあって，地域住民によって活用されることが主となっていくため，最終的には観光用の施設としての機能は失うのである。

(7) 回生期

停滞期の次の段階として考えられるもう1つのものは回生期である。この段階にいたるために観光地のとる選択肢としては2つのタイプが考えられる。まず第1には，人工的な観光施設を付加することである。当然ながら競争相手となる観光地もこれに追随する可能性が考えられるが，新たな部分を構築して競争優位を築こうとすることは1つの選択肢となる。もう1つは，まだ観光に使用されていない潜在的な自然資源を観光資源として開発し，競争優位を築くことである。

以上が観光地ライフサイクル・モデルの概要であるが，ここで重要なのは，このモデルが，観光地としては，たとえある部分を地域外の資本の参入に任せて成長したとしても，あるいは地域外の資本の参入がない段階であったとしても，主体的に全体としての活動をすることなしに存在し続ければ，その観光地は衰退するであろうし，衰退をすることなしに回生期へと移行する際には，その地域に関係する人々の努力が必要であると述べていることにある。

当然，地域によってはこのモデルのいうところの停滞期にまで来訪客数を伸ばすこともなく，地域外の資本の参入もあまりみられず観光地として栄華を極

めるところまではゆかないものもあるであろうが，どのような段階からであっても，その地域に関わる人々の努力によってある一定の変化を持ち込み，観光地全体の方向性を変化させることがなければ観光地としては衰退するであろう。

結局のところ，観光地はある一定の戦略を策定し，その戦略に基づいて活動することが求められることになる。

2．観光戦略の考え方

経営戦略に関しては，経営学の分野においてこれまで理論的な取り組みがなされてきたのであるが，それを観光地に適用するに際してはどのような問題点が考えられるのであろうか。

戦略の定義に関しては種々のものが存在する。例えば観光学の権威であるトライブ（Tribe, J.）は戦略に関して次のように述べている。かれは戦略を「将来において望むところのものを計画化したものであり，そしてそれを実現するに適切な方法を描いたもの」であると定義し，その際，「どこへ向かおうとしているのか，どのようにすればそこに到達できるのか，そこに到達しているかどうかはどうすればわかるのか」の3つの問題に解答を出すことが重要であるとしている。中でも，経営体における使命・目的がその中核をなしているとし，その上で，戦略が経営体内部のそれぞれの部分で別々に追求されるのではなく，経営組織体全体として実行されることの必要性を指摘し，全体として戦略実行を行うためには，戦略過程に関係する者すべてが，何を目指しているかを正確に理解しておくことの重要性を指摘している。

当然ながら，観光の運営であれ，一般の企業の運営であれ，戦略を策定し実行する際に，戦略はその当該経営体の使命・目的を達成するために策定・実行されるのであるが，観光地全体としての戦略展開を考える際には，観光地全体として戦略策定・実行する際の主体は誰なのか，ということが問題となる。もちろん一般的にいえば，戦略策定は当該経営体の利害関係者を中心としてその策定が行われるのがよいと考えられるのであるが，観光地というものはそもそも交通機関，宿泊施設，観光施設，土産物屋，地方自治体，非営利組織といっ

た個別の経営体の集合体であるし，それらの経営体も地域を基盤としたものもあれば，地域外の資本のものもあるので，それらがどのような形で戦略策定プロセスに加わっているのか，あるいはどの組織が戦略策定のイニシアチブをとっているのかが，時と場合によって異なると考えられる。

　例えば，発展期・成熟期，停滞期，衰退期の前期，およびこれらの時期からさらなる発展（回生期を含む）を目指す場合においては，多くの場合地域外の資本が中心となった戦略展開が行われる。当然ながら地域外の資本は，当該経営体によって異なった使命・目的を持っており，その個別の使命・目的に従って戦略を策定し活動するのである。現代においてはそれら経営体の使命・目的の中に社会貢献的なものも含まれるであろうが，究極的には採算が取れない状態になれば撤退ということもとるべき戦略の中に含まれる。それゆえ，地域外の資本のとる戦略は，純粋に地域の発展を考えるというよりは，当該経営体の発展を考えることに志向したものとなろう。

　また，地域外資本が大規模施設を観光地に持ち込み，大がかりな戦略展開を行うために，地域を基盤とした経営体は，その方向性の大部分を地域外資本の策定した戦略に従って活動せざるをえないことが多い。つまり，地域外資本を中心としたある経営体の経営戦略が地域全体の観光戦略に影響を与える，あるいはそれを決定すると考えられる。このような場合の観光地戦略の多くは，その地域に存在する経営体の中でどの経営体が競争優位の状態を築いているのか，という点が重要となる。

　これに対して，開拓期，登場期，衰退期の後期およびこれらの時期からさらなる発展（回生期を含む）・維持を目指す場合においては，地域を基盤とした経営体が中心の戦略展開が行われる。この場合においても，前述したように地域内のどの経営体が競争優位を築いているのか，という問題で論じることが可能な場合もあるが，それとは異なった場合が考えられる。地域に基盤をおく経営体の人々が中心となって地域の観光地戦略を策定するという場合である。

　観光地は，先にも述べたとおり，交通機関，宿泊施設，観光施設，土産物屋，地方自治体，非営利組織といった個別の経営体の集合体である。これらはそも

そも観光用のためだけにあるわけではないので，それぞれ観光に依存する度合いが異なる。しかし，当該地域がどのような観光地に発展していくのかということによって，それぞれの経営体の活動それ自体が変化する可能性があるし，最悪の場合活動できなくなる恐れもある。

そこでそれぞれ異なった利害を持つ経営体がお互いに利害の調整を行い，どのレベルのどういった形の観光地を目指すのかといった，観光地全体としての戦略を模索することが考えられる。例えば，持続可能な観光などの議論はこの1例であろう。すなわち，観光地全体としての戦略を自らが主体となって策定することによって，それが個別の経営体の戦略にも変化を与えると考えられるものである。この場合，そこで模索される方向性の多くは，経済的利益の追求と，地域住民にとっては生活環境でもある観光地の環境をどのようなバランスで保つのか，といったことに集約されるであろう。

もちろん，最近の傾向では，地域外の資本を中心とした戦略策定がなされる場合も，こういったバランスを考えて進められるものもあるが，経済的利益の追求と環境保全の二者はトレードオフの関係にあることが多いため，特に地域外資本の代表的なものと考えられるマス・ツーリズムに志向した大規模観光経営体にとっては，このような急激な戦略転換は非常に困難だと考えられる。

このように地域の観光戦略はその中心となる主体の違いによって戦略策定プロセスが異なると考えられ，どちらがよいと一概にいうことはできないのだが，中でも，それぞれ異なった利害を持つ複数の経営体によって戦略策定が行われる場合の方が，利害を調整する必要性が生じるためにより多くの困難があるであろう。その点では，観光地コラボレーション論やDMO（Destination Management Organization）などの議論が観光地運営を経営学的に考察する際の鍵となろう。

（竹林浩志）

第12章
宇宙と地球の観光

1．宇宙をテーマにした観光

　21世紀に入り，日本人宇宙飛行士や小惑星探査機はやぶさの活躍など，宇宙の話題がニュースで流れることが珍しくなくなった。また，海外の富豪による宇宙旅行も少数だが始まっており，宇宙は今や自然科学だけでなく，観光学の対象として研究する時代が到来している。しかし，当分の間，多くの市民にとって宇宙旅行は高嶺の花に違いない。そこで，本章ではまず，宇宙空間への旅行を語る前に，宇宙をテーマにした地上での観光から話を始めたい。

　宇宙をテーマにした観光には，望遠鏡を使って天体を観察すること，珍しい天文現象を観察するために遠征すること，さらにはプラネタリウムで都市部では見ることができない美しい星空を疑似体験することなどがある。星空や天体の観察は，海外ではしばしばスターウォッチングツアーとして行われている。例えば，世界の最先端の天文研究施設が集まるハワイのマウナケア山では，標高4,200mの山頂での施設見学や夕日鑑賞のあと，2,800mの中腹での星空観察がセットになった日帰りツアーがハワイ観光の人気のオプショナルツアーになっている。一方，わが国では，バブル経済の中，ふるさと創生事業をきっかけに地方に多くの博物館類似施設が建設されたと第9章で述べたが，その中には天文台が数多く含まれている。市民への公開を目的として設置された天文台は，公開天文台とよばれているが，全国には規模の大小はあるものの400館以上も建設されており，この数は世界的に見ても突出している。この天文台建設ラッシュを招いた原因はふるさと創生事業だけではない。ふるさと創生事業で1億円が交付される前年の1987年，当時の環境庁は環境の指標の1つとして「星空の街コンテスト」を行った。このコンテストに参加した自治体の中から108

の自治体が「星空の街」として認定されたが，そのほとんどが中山間地域にある過疎の町村であった。それらの自治体では，美しい星空は当たり前のものだと考えていたが，そこに都市住民が認める価値があることを知るきっかけになった。なお，これらの天文台を建設した過疎の町村は，平成の大合併の中で多くが近隣の自治体に吸収された。新しい自治体の中では財政難もあり，施設の価値が不明確になり，規模の縮小や中には閉館される天文台も現れている。新しい時代の中で各天文台の価値の再定義が求められている。

　次に，珍しい天文現象を求めて国内外へ旅行する天文ツアーについて紹介する。対象となる天文現象は，日食の他，オーロラ（正確には地球大気内の現象であるが）や，ハレー彗星といった世紀の天文現象などが対象になっている。中でも皆既日食を観察するための日食ツアーは毎年のように数多く行われ，ネイチャーツアーの1つのジャンルとして確立したものになっている。わが国で最初に行われた本格的な日食ツアーは，1958年，八丈島付近で見ることができた金環日食だといわれている。その後，日食が起こるたびに，世界各地に向けて天文ファンがツアーを組んででかけているが，1991年の皆既日食は一大観光地のハワイで見ることができるとあって，多くの日食ツアーが企画され，天文ファンだけに留まらず多くの観光客を集め，同じく見ることができたメキシコと合わせて3,500人もの日本人が日食ツアーに参加した。2009年の皆既日食は鹿児島県の屋久島から奄美大島にかけての島々で見ることができた。数十年ぶりの国内での日食とあり，2.7万人もの観光客がこれらの島を訪れている。そして，2012年5月には大阪，名古屋，東京などの大都市を横切る金環日食が起こり，人々の日食への関心はさらに高まった。直後の2012年11月のオーストラリア・ケアンズで起こった皆既日食には，世界中から6万人，うち4,000人の日本人が駆けつけた。このように日食ツアーは今後，一層参加者が増えそうな勢いである。

　最後に，宇宙を疑似体験できるプラネタリウムについてその動向を紹介したい。プラネタリウムは，1923年にドイツで最初のプラネタリウムが誕生して以来，ドームスクリーンに創り出される星空は，都市住民を魅了し，現在，世界

に約2,900館も公開されている。そのうちアメリカに半数があり，次に日本が約360館と続いているが，ドーム径の大きな施設に限ると日本が一番多い。大型のプラネタリウムは財政規模の大きな都市部の自治体（当然，夜空が明るい）に設置されることが多く，科学館の展示の1つとして公開されている。1957年のソ連による世界初の人工衛星スプートニク1号の打ち上げの成功は，西側諸国に大きな衝撃（スプートニクショック）を与えることになり，わが国でも，理数教育の重要性が謳われ，全国各地に多くの科学博物館が設置されることになった。プラネタリウムの多くもこの時期に設置されている。全国のプラネタリウムの総動員数は，2009年で725万人と推定されている。この数はJリーグ（J1）の動員数が500万人台で推移していることと比較すると大きな数であることがわかる。

　プラネタリウムは，近年，投影機のデジタル化が進み，その表現できる内容が大きく変わろうとしている。和歌山大学観光学部ではドームスクリーンに星空だけなくあらゆる実写の光景を投影するためのデジタルドームシアターの研究開発をスタートさせている。2009年には奄美大島で起こった皆既日食の現場の風景を360度の全天映像で本州4カ所のプラネタリウムスクリーンに生中継し，これまで現地でしか体験できなかった日食中の周囲の光景を再現することに成功した。その後，被写体を宇宙以外にも広げ，自然景観，歴史文化景観，祭などの無形文化財をドーム映像化し，一般公開しているプラネタリウムで上映する取り組みを行い，内外のプラネタリウムから注目を集めている。

2．宇宙への旅行

　宇宙飛行士によって切り開かれた有人の軌道上や月への宇宙飛行は，かつての大航海時代の幕開けのように，太陽系空間への宇宙旅行が夢物語でないことを示している。実際に，国際宇宙ステーションへは，ロシアの国営の宇宙船・ソユーズを利用し民間人が旅行する事例が少数ではあるが始まっている。2001年以降，8回（7人で1人は2回経験）の宇宙旅行が実現している。旅行代金は2,000万ドル以上といわれている。

一方で，民間が民間宇宙旅行のために開発した宇宙機でより安価な価格で旅行を実現しようという動きもある。2004年，アメリカのスケールドコンポジット社は，高度100kmの宇宙空間を往復（弾道飛行）する宇宙機スペースシップワンの飛行に成功した。イギリスのヴァージングループは，スケールドコンポジット社の技術供与を受け，民間宇宙旅行のための会社ヴァージン・ギャラクティック社を立ち上げ，8人の乗員（2人のパイロットと6人の乗客）を乗せることができるスペースシップツアーを建造中である。すでにアメリカ・ニューメキシコに専用の宇宙港も完成し，連邦航空局から試験飛行の許可も下りている。早ければ，2013年中にも100％民間企業による民間人のための宇宙旅行がスタートすることになる。ここでの値段は，20万ドルと高いものの，すでに数百人が旅行代金を支払っている。このように，まだ高価な旅行であるものの定期的な宇宙旅行は目前に迫っており，ビジネスが軌道に乗れば，比較的安価（2万ドル程度）になると期待されている。

3．ジオツーリズム

　ジオツーリズムという用語は1990年代半ばにヨーロッパで登場した。新しい概念であるがゆえに，その意味に共通理解が得られているとは言い難い。
　geo-という接頭辞は，ギリシャ神話の地母神ガイアGaia（ゲーGē）に由来し，「地球」「土壌」「土地」などといった意味を持つ。したがってごく単純に一言にまとめてしまえば，ジオツーリズムとは「地球を楽しむ観光」とよぶことができる（この定義は今のところ本書だけの便宜上のものと考えてもらいたい。しかし厳密ではないが現実的と思われる）。地球の活動が生み出した何らかの特徴的な地域「ジオサイト（geosite）」に行って，その景観や特産物すなわち「大地の遺産（geoheritage）」を楽しむわけであるが，旧来の観光と異なるのは，そこに地学的な情報発信が加わることである。きれいな景観を眺めるだけ，化石を物珍しく見学するだけであれば，ジオツーリズムとは異なると考えるのが一般的で，子供から大人までの多世代の生涯学習の場につながる観光という側面がある（深見，2010）。

第12章　宇宙と地球の観光　95

このようなジオツーリズムの拠点となり，その精神を体現している地域およびそこでの一連の活動が「ジオパーク」とよばれるものである。次節でジオパークを概観した後，再びジオツーリズムについて考えることにしよう。

4．ジオパーク

ジオパーク（geopark）は，「地球活動の遺産を主な見所とする自然の中の公園」「ジオ（地球）に親しみ，ジオを学ぶ旅，ジオツーリズムを楽しむ場所」などと表現される。本書の執筆時点（2012年12月初旬）では，ジオパーク事業はUNESCOの支援を受けるという形になっている。

ジオパークには2種類ある。各国内向けのもの（わが国の場合は「日本ジオパーク」）と世界的に価値が認められた「世界ジオパーク」である。いずれにせよ，「ジオパーク」と名乗るためには認可を得る必要がある。

まず，日本ジオパークネットワークに，日本ジオパークを目指す地域であることを表明し，準会員として登録される（ここまでは敷居は低い）。並行して「ジオ」に関する保全・研究・教育・普及活動やジオツアーを行っているという実績を積む。正会員への審査の主な応募条件は，優れた地球遺産（地形・地質など）を持つこと，ジオパークを運営する組織・体制が確立済みであることである。それらが認められて初めてJGNの正会員となれる。JGN正会員は「日本ジオパーク」を名乗ることができる。

「世界ジオパーク」になるためには，世界ジオパークネットワーク（Global Geoparks Network：GGN）への加盟が認められねばならない。GGNへの加盟申請は，各国毎年2件しかできないことになっており，日本ジオパーク委員会の審査に合格して初めてその「申請候補」になることができる。審査を受ける主な条件は，既にJGN正会員として加盟していること，「ジオ」に関する保全・研究・教育・普及活動と，ジオツーリズムを通じた地域活性化に充分な実績があること，などである。日本ジオパーク委員会から推薦されたジオパークを，GGNが審査する（書類審査と現地審査）。

UNESCOはジオパークが備えるべき6つの要素を挙げている。深見（2010）

によるまとめを改変して以下に示す。

①**規模と環境**：地域の地史や地質現象がよくわかる大地の遺産を多数含むだけでなく、考古学的・生態学的もしくは文化的な価値のあるサイトも含む、明瞭に境界を定められた地域である。単に地学的に重要なサイトを集めただけではジオパークとは見なされない。

②**運営および地域との関わり**：公的機関・地域社会・民間団体・研究教育機関などで構成されるしっかりした運営組織・施設と運営・財政計画を持つ。

③**経済開発**：ジオツーリズムなどを通じて、地域の持続可能な社会・経済発展を育成する。

④**教育**：博物館、自然散策路、ガイド付きツアー、各種媒体などにより、地球科学や環境問題に関する教育・普及活動を行う。

⑤**保護・保存**：それぞれの地域の伝統と法に基づき大地の遺産を確実に保護する。したがって、基本的には鉱物や化石標本の販売などを行ってはならない。

⑥**グローバル・ネットワーク**：GGNの一員として、相互に情報交換を行い、会議に参加し、ネットワークを積極的に活性化させる。

なお英語のgeoparkを、中国語ではそのまま「地質公園」と訳している。しかし、英語のgeo-は、日本語の「地質」が示す範囲よりも広い。geoheritageを「地質遺産」と訳す場合があるが、イメージを狭め過ぎてしまう虞がある（本書では「大地の遺産」「地球の遺産」などの訳語を場合によって使い分けている）。

ジオパークは、世界遺産の自然遺産と混同されることがある。世界遺産はUNESCOが認定するもので、条約に基づくUNESCOのプログラムである。目的は保護であり、結果的に観光に結びつくことはあるが経済活動は主目的ではない。これに対し、世界ジオパークは、UNESCOの支援で設立されたGGN事務局が認定する。ジオパークの目的は保護だけでなく大地の遺産を活用した経済活動に大きなウェイトがある。保護のためには近付くべきでないような場所は、ジオパークにはならない。

経済活動を重視するGGNは加盟を目指す地域に対し、持続可能な運営システムを要求している。4年に1度の再審査があり、これをパスできなければ世

界ジオパークの認定を取り消される（実際に，2012年9月21日の第11回ヨーロッパジオパークネットワーク会議では，オーストラリア・イランの2地域が継続認定されなかった）。したがって，ジオパークと世界遺産の本質的な違いは，世界遺産が，遺産という「モノ」を対象に認定しているのに対し，ジオパークはそこで行われている「活動」を対象にしていることであるといえよう。ジオパーク認定を「世界遺産より簡単」と考える人も少なくないが，実際には加盟にあたって越えるべきハードルの数は世界遺産よりも多いともいえる。

本稿執筆時点で，日本国内のジオパークは，世界ジオパーク認定を受けている糸魚川，山陰海岸，島原半島，洞爺湖有珠山，室戸の他に，阿蘇，アポイ岳，天草御所浦，伊豆大島，伊豆半島，茨城県北，男鹿半島・大潟，隠岐，恐竜渓谷ふくい勝山，霧島，下仁田，白滝，秩父，銚子，白山手取川，箱根，八峰白神，磐梯山，南アルプス（中央構造線エリア），湯沢の合計25カ所がある。

世界ジオパークは26カ国・地域から92カ所あり，ヨーロッパと中国に集中している。ジオパークの運営形態もこれに対応して，ヨーロッパ型と中国型に分けることができる。ヨーロッパ型の運営形態は，地域が主体となり，既存のリソースを組み合わせて活用することを主眼としている。既存のリソースとは，地質資源や植生はもちろん，博物館，歴史的町並み，文化施設を含んでいる。一方，中国型は，国家が主導する大プロジェクトとして運営される。これにより大規模な投資が可能になり，この潤沢な資金を使ってエリアを物理的に囲い込んで入場料を徴収することができる。これが運営費に充当される。

5．ジオツーリズムの本質的な困難

ジオツーリズムの対象となる大地の遺産は，基本的には「人の手が入っていない」自然の景観であることが多い。手つかずのまま残っているということは，そもそも危険であり「行くべきところでない」ことが多い。自然（絶景）をコンテンツにした観光に必ず伴うリスクマネジメントの問題がある。また交通手段も未発達であることも多い。

しかしもっと困難なことは，「本当の面白さ」までが遠いことである。ジオ

サイトが内包する地球活動のストーリーを「理解」するためには，どうしても地球科学的解説が必要になる（したがってガイドが決定的に重要となる）。旧来行われてきた自然を楽しむ観光との違いについて，深見（2010）はジオツーリズムを，「地質や地形と言った地学を導入口とし，考古学・生態学・文化的な見どころをジオサイトと位置づけて，地学的な価値づけをおこない」，「人間の生活は，地学的基盤（＝geo）に支えられており，地質や地形なくして自然環境と人間環境のかかわり（生態系）は成立しないという側面を学ぶ形に徹する必要がある」としているが，特に理科離れが進むわが国では，そのような「理科の勉強」を伴う観光が敬遠されることはほぼ明らかである。この定義はコンテンツ提供側の希望であり，これを前面に出す限り，ジオツーリズムの普及は見込めない。学びの要素を前面には出さず，観光客にその目的を意識させることなく，結果的にそのような学びが達成されるような仕掛けを模索しなくてはならない。

　観光地のマネジメントでは，地域住民に観光コンテンツの価値を理解させる活動が重視される。サービス・マネジメントにおける内部マーケティングの考え方を観光地に転用したといえる。ジオツーリズムの場合，地域住民に求められるジオサイトの価値の理解度は，観光客よりずっと深くなければならない。したがって（元々興味の無い）地域住民に実質的に地球科学を「学んで」もらうという非常に困難な活動となる。その方法を考えるヒントは，第9章で述べた「科学コミュニケーション」にある。大規模で一方的な講演会を繰り返すのではなく，小規模で双方向的な科学コミュニケーション活動を地道に続けることこそが住民の理解を得る唯一の方法であろう。

　本章第3節の冒頭で，ジオツーリズムの定義ははっきりしない，と述べた。逆にいえば，今からでも，ジオツーリズムをより魅力的に定義することが可能である。そのような魅力的なジオツーリズムが普及することを願ってやまない。

（尾久土正己・中串孝志）

第 2 編　現代の観光とブランド

第13章
ブランドの現代的役割

1．ブランドとは何か

　ブランドとは何だろうか。ごくごく簡単にいってしまえば，それは商品につけられた名前（あるいはその視覚的表現としてのロゴ）である。商品の名前やロゴは，その商品の識別のためにある。このことをもっと厳密に定義してみると，次のようになるだろう。「ブランドとは，自社の商品を識別させ，他社の商品から区別するための名前，言葉，デザイン，シンボルなどのことをいう」（米国マーケティング協会による定義）。

　商品の識別機能を果たすのがブランドだということであれば，商品の名前やロゴはどんなものだって構わないことになる。それぞれの名前が持っている価値についても，本来的には大きな違いはなさそうだ。だがしかし，現代社会においてそれは少し間違った認識である。単なる名前であるはずなのに，名前以上の何かである存在。それがブランドなのである。

　ここで商品について若干補足しておこう。現在，ブランドという言葉は非常に幅広い対象に用いられており，それに合わせてここでは，商品という言葉をかなり広い意味で使っている。有形財としての製品，無形財としてのサービスといった伝統的な商品はもちろんであるが，ある土地の名前が人を惹きつける力を観光地や居住地や原産地にあてはめた概念として地域ブランドへの関心が高まってきている。さらにはパーソナル・ブランドといって，個人にブランド概念を適用し，その価値向上の方策を考えるというアイデアまで登場してきている。これらを含めて，商品につけられた名前として，あるいは単なる名前を越えた何かとしてブランドを見ていく。

2．出所の明確化と品質保証機能

　もともとブランド（英語のbrand）という言葉には，家畜や商品などに押す焼印という意味がある。そこで意図されるのは，所有者あるいは生産者をはっきりさせることである。それではなぜ名前による識別が必要なのか。1つの理由は，商品についての責任の所在の明確化であり，品質の保証である。仮に市場に問題のある品質の商品が出回ってしまったとき，その生産者がわかっていれば，責任を追及できる。逆に考えれば，それなりの覚悟を持たずして，生産者は商品を世に出すことはできない。

　このことは，全く正反対の状態を考えてみればよくわかる。責任を負うべき者が誰だかわからない状態で，安心して商品を買うことができるだろうか。入手した商品に問題があったとしても，購入者は泣き寝入りするしかない。もしそんな状況が頻発するようであれば，商品の買い手は誰もいなくなってしまうだろう。ブランドによる商品の品質保証機能によって，市場での取引は円滑化されるのである。

3．商品の差別化とブランド

　名前による識別が求められる理由はもう1つある。商品の差別化の実現のため必要となるのである。

　市場における商品の取引は，需要と供給のバランスの上に成り立っている。需要が供給を上回れば商品の価格は上がり，需要が供給を下回れば商品の価格は下がる。これは最も基礎的な経済の関係である。注意しておきたいのは，ここで想定されるのが同質的な商品だということだ。そのような商品のことをコモディティとよぶ。コモディティの市場は無名の世界である。（先ほど触れたように，商品に問題が起こったときこそ責任者を特定しなくてはならないが，）コモディティの通常の取引において，生産者の名前を知ることは全く重要でない。

　さてここで，需要と供給のバランスが大きく崩れたらどうなるだろう。企業が設備投資を行い，大規模な生産態勢を整えたというような場合である。そうすると，規模の経済の効果によって生産コストが低下し，より安価に商品を供

給できるようになる。もちろん，ライバルも負けじと投資を行うだろう。当初は，価格が下がることによって需要は増加していく。だがしかし，やがてそれにも限界がくる。価格競争が激化するというだけでなく，作っても売れないという売れ残りの危険が高まってくるのである。企業は，新たな解決策を見出さなければならない。コモディティの価格競争から脱却するということ。すなわち，非価格競争への志向であり，商品の差別化である。

　ライバルの商品よりも優れているのだという違いを買い手にアピールしていくことが差別化である。ライバルよりも多く顧客に選んでもらうことが目標となる。商品の機能，耐久性，快適性，デザインの良さといった具合に，差別化できるポイントは1つではない。重要なのは，差別化された商品であることを買い手としての顧客に対して上手に伝達することである。そのために，自社商品が適切に識別され，ライバルとは明確に区別されていることが肝要となる。ブランドによって商品が識別されることは，差別化の成功に必須の条件なのである。こうして商品はブランド化されることになる。

　ブランド化された商品は，他とは違っていることを顧客にきちんと理解されておく必要がある。この場合，もはやどんな名前でもよいというわけにはいかないだろう。覚えやすさ，親しみやすさ，語感の良さといったことが重要になってくる。

　ところで，ブランド化の試みは常に成功するわけではない。とりわけ商品が過剰にあり，企業間競争の激しい現代社会においては，それぞれの企業の差別化の試みはすぐに模倣され，同質化されてしまう状況に陥りやすい。そのため，顧客にとって商品がどれも同じであるように見えることや，商品間に大きな違いがなさそうに見えることも，決して珍しくない。企業側が一所懸命に差別化したつもりであっても，顧客側から見れば，実質的にコモディティと変わらない状態になっていることが多々あるのである。コモディティ化とよばれる現象であり，多くの企業が直面する深刻な問題となっている。

4．ブランドという言葉の二重性

　ブランドの持っている機能にはもう1つ，象徴機能がある。もともとは商品につけられた単なる名前であり，各々の名前の価値には差がないはずだったものが，その一部分にだけ象徴的な意味合いが含まれるようになってくるのである。わたしたちの日常の会話の中で「ブランド品」といって頭に思い浮かぶのは，そうしたブランド群ではないだろうか。典型的には，大都市の百貨店や専門店，あるいは海外旅行の際に立ち寄る免税品店で取り扱われているような商品である。

　象徴性の高いブランドとは，そこに様々なイメージが関連づけられているブランドである。例えばそれは，長い伝統であったり，職人技に裏打ちされた高品質であったり，揺るぎのない信頼性であったりする。さらには，著名人がその商品を愛用していたといった細かなエピソードの積み重ねが，そうした意味づけを補強していくこともある。

　冒頭で紹介したブランドの定義からもわかるとおり，ブランドとは何かと問われれば，それは商品につけられた名前であると答えるしかない。つまりそれは本来的に，いわゆる有名ブランドに限定されるものではない。けれども，商品につけられた名前やロゴに対して顧客が見出してくる価値には，その高低においてかなり大きな振れ幅がある。強い存在感を伴った有名ブランドにおいては，ブランドとは単なる商品の名前ではなく，名前以上の何かという存在になってしまっている。

　このようなブランドという言葉の二重性を理解することは，商品における差別化とコモディティ化を理解することと相似の関係にある。商品に何か固有の名前をつけブランド化を試みるという意図のレベルと，そのブランドが実際に高い価値を持つことに成功するか，低い価値にとどまってしまうかという結果のレベルとでは，議論の水準が異なっている。このことは，十分に注意しておく必要があるだろう。

5. 価値あるブランドとは

　ブランドの価値の高低はどのように決まるのか。すなわち，ブランド価値とはいったい何を起源としているのか。1つの有力な考え方として，ケラー (Keller, K. L.) が提唱した顧客ベースのブランド・エクイティ (customer-based brand equity) という概念を紹介しておこう。ブランド・エクイティとは，ブランドが持っている価値を企業にとっての無形資産として取り扱う考え方である。ここで顧客ベースとよんでいるのは，顧客が保有するブランド知識にブランド価値の基礎を置くと考えるためである。これまでも説明してきたとおり，商品の差別化もブランド化もその成否を決めるのは，結局は顧客だからである。

　ブランド知識は，ブランド認知とブランド・イメージとに大きく分けて見ていくことができる。ブランド認知とは，簡単にいってしまえば知名度のことである。有名か無名かという相違は，まずここにあらわれるといってよいだろう。しかし，知名度といってもいくつかのレベルがある。最も難易度の低いのは，ブランド再認である。これは助成想起ともよばれ，ブランド名やロゴを提示されたときに，それを知っているとわかるものである。全くの助けなしにブランド名を思い出せるという知名のレベルは，ブランド再生あるいは非助成想起とよばれている。

　ブランド再生のレベルにあるブランド群の中でも，真っ先に思い浮かぶブランドのことを第一再生知名（トップオブマインド）という。第一再生知名を獲得しているブランドの強さは容易に想像がつくだろう。わたしたちが商品を選ぼうとするとき，入手可能なブランドをすべて一律に選択肢と考えることは，ほとんどの場合していない。そうではなく，ごく少数の限られた選択肢の中から，最終的な選択は行われるのである。ここで，選択肢となるブランド群と，再生知名を得ているブランド群が大きく重なっていることは十分に予想できる。さらに，ある特定のブランドが選択肢に含まれていなかったとすれば，そのブランドが選ばれることは絶対にない。最終的な選択肢の数は少なく，2つや3つだけということも簡単に起こりうる。第一再生知名を得ているブランドは，最初の段階で候補に残る確率が非常に高いのである。

ブランド知識のもう片方にあるのはブランド・イメージである。たとえ，ブランドの知名度が高かったとしても，そのイメージが悪ければどうしようもない。逆に知名度こそ決して高くはないものの，「知る人ぞ知る」といった具合に良好なイメージを獲得しているブランドもある。

　ブランド・イメージは，そのブランド名から連想される様々な要素との結びつきによって成り立っている。ブランド連想の対象は多様であるが，いくつかの代表的なパターンをあげておこう。まず，商品カテゴリーと強い連想で結びつけられたブランドがある。例えば，ハイブリッド自動車といって思い浮かぶブランド，スマートフォンといって思い浮かぶブランド，テーマパークといって思い浮かぶブランド，食品用ラップフィルムといって思い浮かぶブランドなどを考えてみればよい。いわばその商品カテゴリーの代名詞となったブランドである。こうした連想は，第一再生知名のもう1つの側面でもある。

　ブランド連想の対象として，ある特定の人物があらわれてくる場合もある。そのブランドのスポークスパーソンやアイコンとしての役割を担うようになるのである。テレビCMなどにおいて，好感度の高いスポーツ選手や著名人が数多く起用されているのは，そうした連想の効果を狙ってのものである。

　地名が連想の鍵となることもある。例えば横浜や神戸や長崎といった地名は，何かしらエキゾチックな響きを持っている。あるいは京都といえば，日本の歴史や伝統文化をイメージさせるだろう。そのほかにも，特定の商品の産地として本場であるとか名産品であるといったイメージが結びつくこともある。こうした連想は，国のレベルでも起こりうる。原産国効果とよばれる現象で，ドイツ製，フランス製，イタリア製，日本製といったラベルが，商品にどのようなイメージを付与するか考えてみればわかるだろう。

6．ブランド・ロイヤルティ

　このようにブランドは，ブランド知識を介して顧客の行動を左右する。ここでブランド価値の高さを表現するものとしてブランド・ロイヤルティがあげられる。ブランド・ロイヤルティとは，あるブランドに対して顧客が尽くす忠誠

の度合いである。そしてこの忠誠の尽くし方には，認知的なものと行動的なものがある。認知的なブランド・ロイヤルティとは，ある特定のブランドを強く支持していることをいう。そのブランドに対して非常に好意的なイメージを抱いており，できればそのブランドを入手したいと考えている状態である。しかし，実際に行動が伴うかどうかは別の問題である。「いつかは」という憧れの存在であったとしても，あまりにも高価であったとすれば，なかなか手が届くことはない。観光地やサービスなどの場合でも，アクセスが著しく困難であるとか，そこに出向くのに必要な日程を確保できないとなれば，訪れたり利用したりすることは難しくなる。

　もう一方の行動的なブランド・ロイヤルティとは，ある特定のブランドを継続的に購入し続けているという状態のことをいう（この場合，ブランドに対する支持の有無といった認知的ロイヤルティの側面は脇においておく）。現在，行動的なブランド・ロイヤルティは，情報技術の発達によって捕捉することが比較的容易になってきている。例えば，多くの店舗で，商品につけられたバーコードをスキャンして販売情報を管理するPOSシステムの導入が一般化している。このシステムにポイントカードなどを組み合わせることによって，個人ごとの識別情報をつけた形で，購買履歴を蓄積することができるようになる。（店舗が限られるなどの条件付きではあるが，）ある商品カテゴリーについて，どのような順番でブランドの購入をしているかが把握できるのである。あるいは，インターネットの通販サイトなどでは，商品情報の閲覧履歴から購買履歴まで，情報の蓄積と活用が進んでいる。こうした顧客の履歴情報は，実に膨大な量に及んでくるため，ビッグデータとよばれることが多い。こうしたビッグデータを解析することによって，リピート購買やブランド・スイッチの状況を知ることが可能になったのである。また，そこで得られた知見は，新商品の販売時などに多く活用されるようになってきた。

　ところで，ブランド・ロイヤルティと対になる概念として，バラエティ・シーキングとよばれる行動がある。言葉からもわかるとおり，商品を選択するときに常に違ったものを選ぼうとする行動である。食品などの一部の商品分野にお

いては，長寿命である定番の商品と，季節限定や地域限定などを名目とした比較的短寿命の商品を織り交ぜて展開することが一般化している。こうした企業の行動は，顧客のブランド・ロイヤルティとバラエティ・シーキングという行動のバランスに対応したものである。

7．ブランドの現代的役割

　最後に，現代社会においてブランドが果たす役割を簡単にまとめておくことにしよう。

　顧客側の視点からいえば，ブランドがあることによって商品の識別ができるようになる。このことは，製造責任が明確になるというだけではない。誰もが「このブランドの商品は品質上の問題がなく安心して購入できる」と認めるようなものがあれば，商品を探索するのに必要なコストと，選択に伴う知覚リスクを同時に引き下げることができるようになる。あえてよく知らないブランドのものを選ぶ必要はないのである。こうして，安心感を得たいという気持ちや，失敗したくないという気持ちを満たすことが可能になるのである。

　ブランドは，顧客と企業との絆を深める手段として役割を果たすこともある。もし顧客にとって「大事なときにはいつも一緒にいた」というブランドがあったとすれば，そのブランドは顧客にとってかけがえのない存在となってくるだろう。また，ブランド連想によって組み立てられる様々なイメージは，ブランドに象徴的な意味を与える。優雅，洗練，若々しさ，スポーティ，逞しさといった具合に，顧客にとって理想となるようなイメージがあったならば，その中に自分自身の姿を重ねたいと考えたとしても不思議ではないだろう。ブランドはそうした自己投影装置としての役割も果たすことになる。

　これらは，裏を返せば，企業側による商品の差別化と強く結びついている。企業にとっても，ブランドとはまず商品を識別する（あるいは識別させる）手段であるが，さらに加えて競争優位の源泉としての役割を果たすようになるのである。

（佐々木壮太郎）

第14章
ブランドと言語・コミュニケーション
―コミュニケーションとしての「翻訳」―

1．本章の課題

　グローバル化の著しい昨今，日本が取り残されていくのではないかとの懸念が，各界で取りざたされている。その時には必ず，コミュニケーション能力が問われ，特にグローバルな言語としての英語力が問われるが，それは単に話し言葉だけではない。このような時代背景を踏まえ，「日本」のブランド性や「日本」へのプル要因を考えるとき，「日本」がどのように英語で表わされ，伝えられてきたのかについても研究する必要がある。言い換えれば，英語を通した書き言葉でのコミュニケーションがどのように図られてきたのかに，関心を向ける必要がある。

　まず，「翻訳」という概念は，アンソニー・ピム（Pym, 2010）の*Exploring Translation Theories*（邦訳，2010）で導入された文化翻訳（cultural translation）まで広く捉え，書かれたものを「翻訳」するだけでなく，文化そのものを他の言語に「翻訳する」ことも含めての概念として捉えることができる。そうすることで，より広い視野で，「日本」の英語への翻訳，書き言葉のコミュニケーションの諸相を捉える事が可能になる。また，観光の学問分野の性格上，日本の風土や文化を伝えることの重要性は言を待たない。例えば，古くは1727年に英語版が出版されたエンゲルト・ケンペル（Engelbert Kaempfer），*The History of Japan*（『日本誌』）や，イザベラ・バード（Isabella Bird），*Unbeaten Tracks in Japan*（『日本奥地紀行』），そしてラフカディオ・ハーン（Lafcadio Hearn）の日本の民話を元にした諸作品などが外国人によって著されている。また，日本人による英文の著作もあり，岡倉天心の*The Book of Tea*，新渡戸稲造の*Bushido*，鈴木大拙の*Zen and Japanese Culture*などの諸作品を挙げることが

できる。

　次に，書き言葉でのコミュニケーションの傾向を捉えるために，翻訳論にいう「同化」と「異化」の考え方を用いることができる。これは，ローレンス・ヴェヌティ (Venuti, 1995, 2008) の*The Translator's Invisibility —A History of Translation*において同化 (domestication)，つまり目標言語の言語文化に傾斜した翻訳と，異化 (foreignization)，つまり起点言語の言語文化に傾斜した翻訳という意味で導入された。ヴェヌティの文脈では同化は植民地主義とともに語られているのだが，日本の文芸を英語に翻訳するときにも，いずれかの傾向が見て取れる。例えば，宮沢賢治の「銀河鉄道の夜」について，そのタイトルが，講談社英語文庫 (1987) では*Night Train to the Stars*となっているが，ちくま文庫 (1996) のロジャー・パルバース (Roger Pulvers) (訳) では*Night on the Milky Way Train*となっている。また近年，アレクサンダー・スミス (Alexander O Smith) の主宰する出版・翻訳会社BENTO BOOKSでは，日本人著者とコンタクトをとって，日米の溝を埋め，より原著に忠実な内容を目指す試みをしている。

　このように，本章では今後ますます重要な課題となる，日本がどのように英語で伝えられているのかについて，大きな流れを捉える。

2．翻訳論と言語学の背景

(1) 翻訳論の西欧での発達

　翻訳論については，ジェレミー・マンデイ (Munday, 2001, 2008) の*Introducing Translation Studies* (邦訳，2009) が翻訳学に関する論点や翻訳理論の諸相，文化的・イデオロギー的な側面，翻訳者の役割，哲学理論，メディアとの関連などについて，広く論じている。翻訳理論に関してはピム (Pym, 2010) において，マンデイと重複する論点は多いものの，理論の特徴を焦点にして，等価，方向性，目的論，説明論，不確定性，ローカリゼーション，文化翻訳などが論じられている。文化翻訳は，文字から文字への翻訳を超えた現象とされている。

すなわち，文化人類学の知見から発展してきた，異文化の理解を文化翻訳と捉えていて，翻訳が単に言葉を置き換えるという作業に止まらない広がりがあるものとされているのである。しかしながら，いずれもヨーロッパで発達してきた翻訳論に関する議論である。つまり，植民地と非植民地，あるいは世界言語（英語）とローカル言語といった力関係の中での翻訳という現象を見てきているのだ。このことは，ヴェヌティ（Venuti, 1995, 2008）において，英語圏での同化翻訳が，外国文化への暴力行為であると捉えられていることにも表れている。翻って，日本は東洋の文化圏にあって植民地化された経験のない稀有な文化圏であり，そういった観点からしても，翻訳の現象にも特徴があるのではないかと予測される。日本語の場合の同化翻訳，異化翻訳の問題については，ユカリ・フクチ・メルドラム（Meldrum, 2010）は*Contemporary Translationese in Japanese Popular Literature : a descriptive study*において，ヴェヌティと異なる議論を行っている。

(2) 日本の翻訳論

では，日本での翻訳に関する議論はどうだろうか。上記マンデイ（Munday, 2001, 2008）の翻訳だけでなく，翻訳論や翻訳に関する国外の書物を「翻訳」することは盛んに行われている。また，『通訳者と戦後日本外交』（鳥飼久美子, 2007）のように，通訳という側面についての論考もある。一方で，『日本の翻訳論―アンソロジーと解題』（柳父章・水野的・長沼美香子編, 2010）が出版され，ようやく日本にとって「翻訳」とは何なのかが問われるようになった。西欧諸語（起点言語）から日本語（目標言語）への翻訳に関して，各翻訳者（日本人）がどのような考えを持っていたかを翻訳研究者（日本人）が解題し論じたものである。西欧での翻訳論が植民地対非植民地，世界言語対ローカル言語という観点から論じられてきたのとは，視点が異なることは明らかである。

(3) 言語学から見たコミュニケーション

言語学の分野では，語用論が言語使用の原理を論じる視点から，コミュニケーションを採り上げてきた。ジェフ・ヴァーシューレン（Verschueren, 1999）の*Understanding Pragmatics*（邦訳, 2010）で論じられているように，語用論は

言語使用に関して，コンテクストやコード，スタイル，際立ち等，文レベルの分析や文を超えた談話レベルの説明原理を求めてきた。この点については『しなやかな組織としてのことば』(竹鼻，2009) でも，意味論と語用論の交錯する領域について，考察している。『認知コミュニケーション論』(大久保壽夫編, 2004；『シリーズ認知言語学入門』池上嘉彦・河上誓作・山梨正明監修，第6巻，大修館書店) では，同じく言語使用に関する理論を展開する中で，語用論よりも広範囲なトピックを扱っている。この広がりを包含するという意味で，認知コミュニケーションと名付けたとされている。すなわち，これまで語用論でも扱われてきた，発話行為論や指示語の理解，相・時制・法，情報構造，レトリックだけでなく，ディスコースと文化の意味に関する論考や物語の構造に関する論考も採り上げられているのである。ようやく，言語理論がそれまでの文レベルあるいは短い談話レベルを超えて，翻訳も包含する国際社会でのコミュニケーションを論じ得る広がりを持ってきた。

3．文化翻訳

本節では，「翻訳」という概念をピム (Pym, 2010) で導入された文化翻訳まで広く捉え，書かれたものを「翻訳」するだけでなく，文化そのものを他の言語に「翻訳する」ことも含めての概念として捉える。そうすることで，より広い視野で，当該のテーマを捉える事が可能になる。外国人による日本文化論もあれば，日本人が英語で日本について語ったものもある。

(1) 外国人による文化翻訳

まず，外国人による著作は，古くは1727年にまず英語訳が出版された，ドイツ人エンゲルト・ケンペルによる前掲の*The History of Japan*は，江戸初期の日本人や日本文化について書かれていて，引き続きドイツ語，フランス語，オランダ語でも出版された。明治に入ってからは，イザベラ・バード『日本奥地紀行』(*Unbeaten Tracks in Japan*) が出版されている。また，ラフカディオ・ハーンによる日本の民話を元にした諸作品などもある。1904年出版の『怪談』(*Kwaidan*) は広く読まれている。

第２次世界大戦後には，ルース・ベネディクト（Ruth Benedict）による*The Chrysanthemum and the Sword*（『菊と刀』）が日本文化のあり方を伝えた。ドナルド・キーン（Donald Keene）にも*Bunraku*（『文楽』吉田健一・金子弘撮影・谷崎潤一郎序文，講談社，1966年）はじめ多くの著作がある。最近では，コロンビア大学のハルオ・シラネ（Haruo Shirane）教授による*Japan and the Culture of the Four Seasons : Nature, Literature, and the Arts*（2011）も出版されている。また，徳島県祖谷を始めとする，日本の原風景とよばれる古民家再生と景観保護に活躍するアレックス・カー（Alex Kerr）の著作を挙げることができる。最初1993年に出版された『美しき日本の残像』（Alex Kerr（最近版2000年），*Lost Japan*, Melbourne : Lonely Planet）などがある。これらについて「文化翻訳」の視点から改めて分析を進めていくことが，これからの課題である。

(2) 日本人による文化翻訳

次に，日本人による日本文化の海外への発信，あるいは文化翻訳はどのように進めてこられたのだろうか。まず注目されるべきは，日本人による英語での著作である。1899年出版の新渡戸稲造*Bushido*，1906年出版の岡倉天心*The Book of Tea*，1938年出版の鈴木大拙の*Zen and Japanese Culture*などの諸作品を挙げることができる。これらは，明治維新の開国後，特に西洋列強に向けて，日本人の倫理観や日本文化の特色，あるいは日本の精神文化の特色を伝えようとしたものである。これらは広く世界で読み継がれてきていて，日本文化を伝える役割を，未だ担っている。いずれも時代の転換期に著されており，どのような時代背景に何を世界に伝えようとしたのか，日本人自身が認識しておく必要があるだろう。

*Bushido*は次の17章から構成されており，西欧のキリスト教に代わる，日本人の倫理的規範として武士道が採り上げられている。日清戦争（1895年終了）直後に著された。

Chap.1 Bushido as an ethical system, Chap.2 Sources of bushido, Chap.3 Rectitude of justice, Chap.4 Courage, the spirit of daring and bearing, Chap.5 Benevolence, the feeling of distress, Chap.6 Politeness, Chap.7

Veracity and sincerity, Chap.8 Honour, Chap.9 The duty of loyalty, Chap.10 The education and training of a samurai, Chap.11 Self-control, Chap.12 The Institutions of suicide and redress, Chap.13 The sword, the soul of the samurai, Chap.14 The training and position of woman, Chap.15 The influence of bushido, Chap.16 Is bushido still alive? Chap.17 The future of bushido.

*The Book of Tea*は次の7章から構成されており，茶道を例に採り上げて，日本文化の特性を様々な角度から論じている。これも日露戦争（1905年終了）という戦争直後に著されている。

Chap.1 The cup of humanity, Chap.2 The school of tea, Chap.3 Taoism and zennism, Chap.4 The tea-room, Chap.5 Art appreciation, Chap.6 Flowers, Chap.7 Tea-masters.

*Zen and Japanese Culture*は次の6章から構成されており，日本の精神文化を，禅を核として広く論じている。これもまた，日中戦争が激化し，やがて第2次世界大戦へと向かう前夜に著されている。

Chap.1 Preliminary to the understanding of Zen, Chap.2 General Remarks on Japanese art culture, Chap.3 Zen and the Samurai, Chap.4 Zen and swordsmanship, Chap.5 Zen and the study of Confucianism, Chap.6 Zen and the Tea-cult.

4．同化と異化

書き言葉でのコミュニケーションの傾向を捉えるのに，翻訳論にある「同化」と「異化」の考え方を用いる。これは，ヴェヌティ（Venuti, 1995, 2008）において同化，つまり目標言語の言語文化に傾斜した翻訳，と異化，つまり起点言語の言語文化に傾斜した翻訳という意味で導入された。ヴェヌティの文脈では同化は植民地主義とともに語られているが，日本の文芸を英語に翻訳するときにも，いずれかの傾向が見て取れる。

まず，日本文学の古典については，例えば，紫式部の『源氏物語』（*The

Tale of Genji) にはアーサー・ウェイリー (Arthur Waley) やエドワード・サイデンステッカー (Edward G. Seidensticker) らの翻訳が有名であるが，それぞれ何に重きを置いた翻訳であるのか，興味深いテーマである。また，文化翻訳でも採り上げたハルオ・シラネや，ジェイムズ・アラキ (James T. Araki) にも日本古典文学の翻訳がある。

次に，現代の文学については，例えば，宮沢賢治の「銀河鉄道の夜」は，そのタイトルが，講談社英語文庫 (1987) では Night Train to the Stars となっているが，ちくま文庫 (1996) のロジャー・パルバース（訳）では Night on the Milky Way Train となっている。後者は，より原義に近い翻訳，つまり「銀河鉄道」というファンタジーの世界を表すタイトルになっている。また，上記のジェイムズ・アラキらによる井上靖の『楼蘭』の翻訳をはじめとする Lou-Lan and Other Stories (Japan's Modern Writers) も興味深い翻訳である。また，前述したように近年，アレクサンダー・スミス氏の主宰する出版・翻訳会社 BENTO BOOKS では，日本人著者とコンタクトをとって，日米の溝を埋め，より原著に忠実な内容を目指す試みをしている。宮部みゆき『英雄の書』(The Book of Heroes, Brave Story)，東野圭吾『容疑者Xの献身』(The Devotion of Suspect X) 等の小説，鳥山明『Dr. スランプ』(Dr. Slump) 等のコミックのほか，村上隆の作品集などまで広く手掛けている。

2011年まで英文出版を手掛けてきた講談社インターナショナルの出版物の，第2次世界大戦後の取り組みもまた特筆すべき試みである。日本文化を海外に発信しようとはじめられた取り組みであるが，当初は日本伝統文化を紹介する書籍が多く発刊された。既に触れたドナルド・キーンの Bunraku や桂離宮を紹介した Katsura などである。その後は，現代の村上春樹『ヒツジをめぐる冒険』(A Wild Sheep Chase) などや，桐野夏生『グロテスク』(Grotesque)，角田光代『八日目の蝉』(The Eighth Day) などの小説も英訳されている。

5．おわりに―翻訳論の広がり

これまで，コミュニケーションとしての「翻訳」を「文化翻訳」の視点や「同

化・異化」の視点から論じてきた。今後の翻訳論の広がりとして，文化翻訳が単に書かれたものに止まらない可能性を指摘しておきたい。つまり，書きとめられたものの背景にある諸活動も含めて考えていく必要があるのではないだろうか。例えば，文化翻訳で採り上げたアレックス・カー氏の活動は，日本の美しい景観や古民家の再生，言い換えれば，現代への意義や価値の「翻訳」活動でもある。ここに，言語・コミュニケーションとブランド論の接点を見ることができる。

(竹鼻圭子)

第15章
ブランドの法律的意義

「ブランドと聞いて何を想う」と聞かれれば，多くの人はバッグ，洋服あるいは高級腕時計などを想うであろう。このようにブランドとは商品（あるいはサービス）に付けられた名称あるいはそのマークと捉えられる。本章では，法律によって制度として定立されているブランド，つまり商品・サービスの名称あるいはそのマークである商標とその保護について概述する。そこで，第1節では商標制度の概要について，第2節では団体商標，地域団体商標（この地域団体商標がいわゆる「地域ブランド」である）について，第3節では立体商標について，そして第4節では新しいタイプの商標について簡単に述べる。

1．商標制度の概要

(1) 商標とは何か

商標とは，事業者が，自己（自社）の取り扱う商品・サービスを他人（他社）のものと区別するために使用するマーク（識別標識）である。私たちは，商品を購入したりサービスを利用したりするとき，企業のマークや商品・サービスのネーミングである「商標」を1つの目印として選んでいる。そして，事業者が営業努力によって商品やサービスに対する消費者の信用を積み重ねることにより，商標に「信頼がおける」「安心して買える」といったブランドイメージがついていく。商標は，「もの言わぬセールスマン」と表現されることもあり，商品やサービスの顔として重要な役割を担っている。このような，商品やサービスに付ける「マーク」や「ネーミング」を財産として守るのが「商標権」という知的財産権である。

(2) 商品・役務について

商標権は，マークと，そのマークを使用する商品・サービスの組合せで1つの権利となっている。商標法では，サービスのことを「役務（えきむ）」といい，指定した商品を「指定商品」，指定した役務を「指定役務」という。この指定商品・指定役務によって，権利の範囲が決まる。

(3) 商標登録出願

商標登録を受けるためには，特許庁に出願をすることが必要である。わが国では，同一または類似の商標の出願があった場合，その商標を先に使用していたか否かにかかわらず，先に出願した者に登録を認める先願主義という考え方を採用している。

(4) 審　査

商標登録出願がなされると，特許庁では，出願された商標が登録することができるものかどうかを審査する。登録することができない商標は，例えば次のようなものである。

①自己の商品・役務と，他人の商品・役務とを区別することができないもの

例えば，単に商品の産地，販売地，品質のみを表示する商標は登録することができない。

②公益に反する商標

例えば，国旗と同一または類似の商標や公序良俗を害するおそれがある商標（きょう激・卑わいな文字・図形，人種差別用語等）は，登録することがでない。

③他人の商標と紛らわしい商標

他人の登録商標と同一または類似の商標であって，商標を使用する商品・役務が同一または類似であるものは登録することができない。

(5) 商標登録の効果

審査の結果，登録査定となった場合は，その後，一定期間内に登録料を納付すると，商標登録原簿に設定の登録がなされ，商標権が発生する。商標登録がなされると，権利者は，指定商品または指定役務について登録商標を独占的に使用できるようになる。権利を侵害する者に対しては，侵害行為の差し止め，

損害賠償等を請求できる。ただし，商標権は，日本全国に効力が及ぶ権利で，外国には及ばない。

(6) 商標権の存続期間と更新

商標権の存続期間は，設定登録の日から10年で終了する。ただし，存続期間の更新登録の申請によって10年の存続期間を何度でも更新することができる。

なお，商標は登録せずに使用できないわけではない。ただし，その商標を排他的独占的に使用することはできない。また，商標登録は先願主義を採用しているために登録せずに使用している場合には，その商標を他の業者に先に登録された場合には，商標の使用ができなくなる，あるいは商標権の侵害として損害賠償請求を受けることがある。

2．団体商標，地域団体商標

(1) 団体商標登録制度

団体商標登録制度とは，事業者を構成員に有する団体が，その構成員に使用させるための商標について登録を受けることができる制度である。通常の商標登録制度のように登録を受ける者自身がその商標を使用することは必ずしも必要としない。この制度は，例えば，地域おこしや特定の業界の活性化のために，団体が中心となって，独自ブランドによる特産品作りをするような場合に利用できる登録制度である。

(2) 地域団体商標登録制度（地域ブランド）

地域団体商標登録制度とは，地名と商品名とを組み合わせた商標がより早い段階で登録を受けられるようにすることにより，地域ブランドの育成に資することを目的として，2006年4月1日より導入された制度である。

具体的には，地域団体商標の登録に際して，主体が要件に適合しているか，周知性の要件を満たしているか，当該商品が地域と密接な関連性を有しているかといった点について審査を行い，地域の事業者が一体となって取り組む地域ブランドの保護を図ることとしている。これから地域ブランド活動を展開して

いこうとする事業者に対して，本制度が自らの権利がしっかりと守られるというインセンティブとなり，地域活性化につながっていくことが期待される。

(3) 地域団体商標登録制度の目的

地域ブランドを適切に保護することにより，事業者の信用の維持を図り，産業競争力の強化と地域経済の活性化を支援することを目的としている。

地域団体商標制度とは，地域の名称および商品〔役務〕の名称等からなる商標について，一定の範囲で周知となった場合には，事業協同組合等の団体による地域団体商標の登録を認める制度である。

「地域の名称」には，現在の行政区画単位の地名ばかりではなく，旧地名，旧国名，河川名，山岳名，海域名等も含まれる。「商品（役務）の慣用名称」には，例えば，①商品「絹織物」「帯」について，「織」「紬」の名称，②商品「茶碗」「湯飲み」について，「焼」の名称，③商品「豚肉」について「豚」の名称，④役務「入浴施設の提供」「宿泊施設の提供」について，「温泉」の名称である。

指定商品（指定役務）の記載例は，次のようなものである。

①地域の名称が商品の産地であれば，「〇〇（地域の名称）産の△△（商品名）」と記載。
②地域の名称が商品の主要な原材料の産地であれば，「〇〇（地域の名称）産の□□（原材料名）を主要な原材料とする△△（商品名）」と記載。
③地域の名称が商品の製法の由来地であれば，「〇〇（地域の名称）に由来する製法により生産された△△（商品名）」と記載。
④地域の名称が役務の提供の場所であれば，「〇〇（地域の名称）における△△（役務名）」と記載。

ただし，②および③の場合であっても商品の産地が特定できるときは，例えば，「〇〇（地域の名称）に由来する製法により〇〇（地域の名称）で生産された△△（商品名）」のように産地限定する必要がある。

3．立体商標

日本は1960年に商標法を施行して以来，平面商標のみを商標として認めてい

たが，1996（平成8）年に商標法を一部改正し，1997年4月に立体商標制度を施行した。その後，立体商標として認められたあるいは認められなかった例として顕著なものを3例紹介する。

(1)　「ミニマグライト」のケース

米国製の懐中電灯として評価の高いマグライトの小型版であるミニマグライトは日本においても人気のある商品であり，発売当初は独特の形状が強い個性を表徴していた。この形状が立体商標として認められたのは，ようやく2007（平成19）年であった。それ以前は，このミニマグライトに形状が類似したLEDライトなどが他社から販売されていたが，立体商標の登録が認められた以後は，それらの形状類似の商品の販売は中止された。裁判所は次のような理由で判断した。

すなわち，知的財産高等裁判所判例（2007（平成19）年6月27日）によると，立体形状が需要者の目につき易く，強い印象を与えるものであったか等を勘案した上で，立体形状が独立して自他商品識別機能を獲得するに至っているか否かを判断すべきである，とされている。

(2)　「コカコーラボトル」のケース

コカコーラのボトルは発売当初より独特な形状をもっていたが，これが日本において立体商標として登録を認められたのは，比較的最近のことである。判例中に，商品の販売数量，期間，地域，規模，類似した他の商品等の存否等が挙げられているが，これらの要件はコカコーラに関しては当然に満たされていると考えることができるであろう。

例えば，知的財産高等裁判所判例（2008（平成20）年5月29日）によると，立体的形状からなる商標が使用により自他商品識別力を獲得したかどうかは，当該商標ないし商品等の形状，使用開始時期および使用期間，使用地域，商品の販売数量，広告宣伝のされた期間・地域および規模，当該形状に類似した他の商品等の存否などの事情を総合考慮して判断するのが相当である，とされている。

(3)　「ひよ子」のケース

東京駅の構内で販売されていたのを見かけた菓子「ひよこ」であるが，特許

庁は2003年にこれを立体商標として登録することを認めた。しかし，その後2006年に裁判所によって否定された。理由は下記のとおりであった。

すなわち，知的財産高等裁判所判例（2006（平成18）年11月29日）によると，文字商標「ひよ子」は九州地方や関東地方を含む地域の需要者には広く知られていると認めることはできるものの，…その形状を有する本件立体商標それ自体は，未だ全国的な周知性を獲得するまでには至っていないと判断する。その理由は，…全国の各地において，23もの業者が，鳥の形状の菓子を製造販売しているのであり，しかも，これらの菓子は，被告の菓子「ひよ子」と，離隔的に観察する際にはその見分けが直ちにはつきにくいほど類似しているものである。本件立体商標に係る鳥の形状自体は，伝統的な鳥の形状の和菓子を踏まえた単純な形状の焼き菓子として，ありふれたものとの評価を受けることを免れないものである。…とされている。

文字商標「ひよ子」についてはともかく，本件立体商標自体については，未だ全国的な周知性を獲得するに至っていないものというべきである。

4．新しいタイプの商標

(1) 法改正への動向

現在,特許庁は「新しいタイプの商標に関する検討ワーキンググループ」(WG)を作って新しいタイプの商標（新商標）の導入を検討している。それが①音,②動き，③位置，④ホログラム，⑤輪郭のない色彩，に関する商標である。欧米ではこれらに商標権を与えており，中国や韓国でも一部に対して商標権を与えている。国によっては"香り"や"味"などにも商標権を与えているが，WGでは「権利範囲の特定や商標データの保存・公開が技術的に困難である」として，"香り"や"味"を法改正の議論から外した。

日本は近年，商標制度の国際的な調和を図っている。その1例が立体商標制度である。

図表15-1　各国・地域における新商標の保護状況

	日本	米国	OHIM	韓国
音	△*	○	○	×
色彩	△*	○	○	○
ホログラム	△*	○	○	○
動き	△*	○	○	○
位置	△*	○	○	×
香り	×	○	○	×
トレードドレス	×	○	○	×
味	×	○	×	×

＊△は検討中。

(2) 法案提出への動き

　特許庁は商標に，音や色，動きなどを加える法改正案を2013年の国会に提出する方針である。今回の法改正の最大の特徴は「動き，ホログラム，輪郭のない色彩，位置，音」の5種類を商標として認める点である。一方，「香り，感触，味」は認めている国はあるものの，今回は見送った。香りなどは「サンプルを使っても変質することがあるうえ，言葉で表現しても人によって思い浮かべるものが違ってくる。権利の範囲を定めるのがとても難しい」と話す。

　新しい商標は幅広いブランド戦略を可能にするが，もちろん色や動きなどなら何でも認めるというわけではない。消費者がその商標で商品やブランドを具体的に思い浮かべられるかどうか，つまりほかの商品との識別力が前提になる。

　当初は改正法案を2010年に提出する予定であったが，予定が遅れようやく2013年に提出されることとなった。また，今回の改正ではトレードドレスの商標としての登録制は見送られることとなった。トレードドレスは商店内部の総合的なデザインなどを登録できる制度であるが，簡単にいえば，その店舗に入った瞬間にその社の店とわかるような総合的デザインである。これにより外部に表示する看板をなくすかあるいは限りなく小さくすることが可能になるために街並み景観という観点からも，この制度の導入が望まれるところである。

　本章においては，ブランドの商標という一面に着目して，その制度について

ごく簡単に述べた。紙幅の関係から説明が不十分なものとなっていることをお断りしておきたい。本章の考察は和歌山大学観光学部で推進中のブランディング研究プロジェクトの一部であり，本章で扱った項目についての判例などの実例を採り入れた最終的成果は，近く発行予定の同プロジェクト最終報告書（和歌山大学観光学部編集・刊行「観光概念の革新によるブランディングビジネスモデルの創造」）において，詳しく論述する予定である。

（澤田知樹）

第16章
観光地ブランドの２側面
――地理的ブランドとテーマ的ブランド――

　観光地を形成するには，当該地域の魅力を高め訪問者から高い評価・評判を得るとともに，リピーターを獲得する必要がある。そのためには十分なマーケティングが必要となる。さらに，持続的観光地形成を意図するならば，観光地としてのブランド形成が求められる。本章では，観光地ブランドの考え方，特性およびブランディング単位の決定軸について示していく。

1．「観光地ブランド」の考え方
　観光地ブランドの場合，一般的なブランドについての考え方に加えて，「観光地」という地理的意味からブランドを考えることが必要である。この点をUNWTOの見解を援用して考えると以下のように示すことができる。
　先ず，「観光地ブランド」とは競争上のアイデンティティであり，当地の特性や当地に対する強烈な印象によって，他の観光地との差別化を図るものである。これにより観光地は競争上の優位性の獲得可能性が高まる。次に，観光地ブランドは観光地の中心的・本質的部分を表し，観光地の特性を恒久的に示す。観光地が提供するものは，市場セグメントの変化やその時々の雰囲気や状況，観光客の心的状態によって変化する。しかし，そうした揺らぎの中でも本質的なブランド特性は一貫して維持・継続されねばならない。
　第3に，観光地ブランドは観光地そのものを特定づけると同時に，定義づけをするDNAのようなものである。観光地を構成する様々な利害関係者や観光地形成のための組織（例えば，観光庁のようなNational Tourism Organizationや観光協会など）はマーケティング・コミュニケーションなどあらゆる活動を通してこのDNAを維持・展開する。第4に，観光地ブランドは観光地を構成する

上で核となる有形無形の資産・資源と潜在的観光客との間にダイナミックな相互作用をもたらす。すなわち，観光地ブランドは潜在的観光客が当該観光地に抱く期待，また観光地が潜在的観光客にどのように映っているかなど，観光客の認知，感覚，態度の総体からなる。

最後に，観光地ブランドは風景・人・文化・歴史等を内在したものであり，消費財における製品（物理的商品）ブランドと同じような方法で形成することは困難である。観光地ブランドは潜在的観光客が持つ観光地の資産・資源に対する認知や当該地に寄せる期待からなる「感情的価値」に強い影響を受ける。

2．観光地ブランドの特性

観光地ブランドは当地が訪れるに足りる魅力的価値を有しているかを意味する。つまり，出張のようなビジネス目的ではなく，余暇活動や休暇における旅行のように自由裁量を有する人々が，旅先を選択する際，他の場所ではなく当該地をなぜ選択するかということである。換言すれば，観光地ブランドは特定の理由により特定の場所を選択する際の基準となる。

ビジネス目的の旅行では移動や時間について人々の自由裁量の余地は少なく，目的地の選択も基本的には自律的選択が困難である。したがって，観光地ブランドのマネジメントにおいては，往々にして主に自由裁量の余地のある旅行者に関心が向き，マーケティングの対象として捉える傾向が強い。しかし，ビジネス旅行であったとしても，訪問先で経験したことが，旅行後，現地に対する認識の変化をもたらす可能性がある。もし，人が当地に対して好印象を持って帰宅すれば当地のセールスプロモーターとして機能しうる。逆の場合はマイナスに機能し得る。それゆえ，自由裁量の余地が少ない訪問者であっても，実は潜在的観光客であり，観光地ブランド形成に大きな影響を及ぼす。また，周知のように観光地は製品でもなく単なるサービスでもなく，様々な領域から成る複合体として存在している。

このため，観光地は製品に比べて以下のような制約がある。このため，ブランドの柔軟性や自由度は製品に比べて低くなる。

先ず，一般的に観光地を物理的に所有する（手に持つ）ことが不可能なことによる制約である。「観光地」を製品と同じように製造したりコントロールしたりすることが不可能なためである。第2に，観光地を1つの商品として捉えた場合，コンテンツの中心は，多くの場合，風景・場面・文化遺産・住民・生活様式等と深く関係している。これらが現地に遺伝的に受け継がれた資産・資源であることから制約が生じる。第3に，観光地が企業の私有資産・資源から形成されている場合の制約がある（例えばテーマパークを中心として形成されている観光地）。最後に，観光地の多くが，人・歴史・文化に加えて様々な風景・文化的建造物・言語・価値観や価値形成過程，行為・態度，サービスなどから構成された非常に複雑な複合体であり，そこに関与する組織・人もまた複雑に絡み合っていることによる制約がある。観光地ブランドにおいて，一個人や一経営体の意思だけを働かせたり，反映したりすることは極めて困難である。

こうした制約から，観光地のコンセプトを変更したり修正したりすることは製品に比べて非常に困難である。しかし，テーマ設定，ブランド要素の構成方法，プロモーションを通して変化させることは可能である。例えば，産油国から高級リゾート地へ変化させたドバイや経済的に衰退していたマンチェスターがスポーツ都市としての地位を確立したケースなどが挙げられる。

もし，観光地がその地で提供可能な諸要素において絶対的優位性が表現できていない場合，潜在的観光客に対してその絶対的優位性を面に出す必要がある。これは，観光客がA地やB地ではなく，なぜ当地を選択したか，どのように意思決定をしたのかということと強く関わる。つまり，他地域が提供可能な経験との違いを潜在的観光客の認識や感情に訴求することである。

結局，観光地ブランドは「観光地のセンス（sense of destination／sense of tourist destination）」を人々に伝達することであり，そのために市場や周囲の人々との間に感情的な関係を築くことが必要とされるものである。

3．地理的ブランド（geographic brands）

観光地をブランド化するということは，観光地のブランド・アイデンティティ

なりブランド・コンセプトを形成することを意味する。その際，ブランド資産のどの側面を強調するか，ブランドが影響を及ぼす範囲をどの程度とするか，対象地域の広がり，強調すべきブランド価値を決定していく必要がある。

観光地ブランドは，単に地域産品や特産品のブランド化ではなく，ある観光地として，ある特定の地域を戦略的にゾーニング（区分）することである。

ある一定の領域に高い名声や評判が立ち，新規観光客の増加や固有のリピーターの出現により，当地は観光地として外部の人々に認知されるようになる。さらに当地が継続的に観光地としての名声，評判を高めることにより潜在的観光客にも広く認知されていくと，ブランド化された観光地として認識される。

このとき，ブランド単位として観光地をいかなる軸で区分・認識し，いかに設定するかが問題となる。

観光地ブランドの単位決定の軸の1つとして，県市町村のような行政単位や○○地方・地区といった行政境界や地理的領域がよく用いられる。

このような地理的志向による観光地ブランドを「地理的ブランド」とよぶ。地理的ブランドは多くの場合，地（域）名によるネーミングとして認知されており，地図上での位置づけが明確に可能となる。これは，潜在的観光客が当該観光地についての地理的認識が弱い場合に有効となる。同時に，地（域）の知名度向上に貢献する。さらに，一度ブランドが認知されると，地名＝ブランド名という分かり易さから，外部からの認知も容易となり，ブランドの普及（diffusion）も容易となる。また，地名＝価値と認知されるため，地（域）名をブランドとして多角的に利用することが可能となる。しかし，観光地の領域の取り方によってはブランド・アイデンティティが非常に表しにくいものとなる。

行政区域を単位として観光地を捉えブランド化を図る場合，地域に内在するブランドとの統一性が問題となる。行政単位はあくまで行政効率や紛争などの歴史的経緯から形成された境界であり，そのエリアに含まれる諸資産・資源などが必ずしも社会的・文化的コンテクストにおいてある意味を持ったひとまとまりというわけではない。1つの観光地ブランド内に複数の地区が混在して関わることになり，各地区の固有性を活かしながら，地域統一のブランド・コン

セプトを形成する必要が生じる。特に，地域内に複数の観光地を有している場合，一地域に複数の観光地ブランドを有することとなり，それらを統合して一行政単位としての観光地ブランド・コンセプトにまとめ上げるという困難な作業が必要となる。

図表16-1　地理的ブランドに基づくブランドイメージの統合

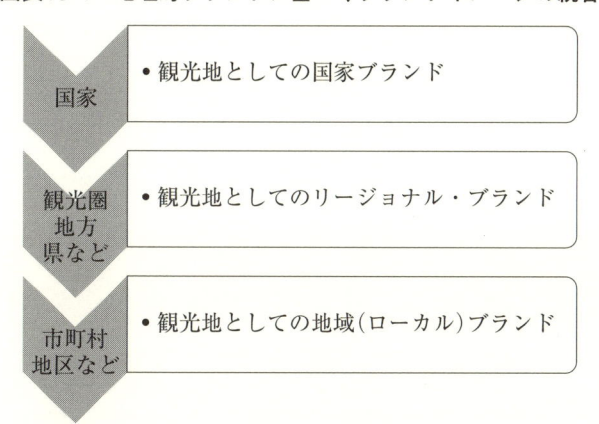

- 国家：観光地としての国家ブランド
- 観光圏地方県など：観光地としてのリージョナル・ブランド
- 市町村地区など：観光地としての地域（ローカル）ブランド

各地固有のブランド・アイデンティティと統一されたアイデンティティ

（出所）筆者作成。

　また，行政単位内に限定されたブランドは当該地域内のみを射程としているため，境界を越えたブランド形成は困難である。結果として，近隣に存在する同質の観光資産・資源などに対して，それぞれの行政単位が任意にブランド形成を志向することがあり得る。この場合，潜在的観光客に対する観光資産・資源などのイメージが拡散し希薄化する。結局，ブランド化が失敗するリスクが高くなる。さらに，当該地域内には様々な事業者，住民が存在する。各々が自己の関心の高い地域資産・資源を中心にブランド解釈を行うことにより，多様なベクトルで情報発信が行われる傾向にある。結果，地域統一的なブランド発信ができないというリスクも含んでいる。

　たとえ，広域観光圏のような行政単位を越えて一定の社会的・文化的まとまりにより，地域を広く捉えて観光地ブランドを志向した場合でも，圏内だけを射程にした視点でのブランド化，圏内に含まれる各観光地のベクトルやブラン

ド認知の統一という同様の問題がある（図表16-1）。

　地理的単位を軸としてゾーニングする場合，対象領域が大きくなればなるほど統一されたブランド・アイデンティティの創出は困難なものとなる。

4．テーマ的ブランド（thematic brands）
　地理的ブランドでは地理的明確性や地理に固有のブランドイメージは得られるものの，地理的範囲の限定による問題点がある。むしろ，地理的に限定されたブランドよりも，テーマを軸としたブランドを志向し，双方のカテゴリーを混合・複合させながらブランド形成を志向することが必要である。こうしたテーマ志向のブランドを「テーマ的ブランド」とよぶ。

　テーマ的ブランドは特定のマーケット・セグメントに対応した特定のテーマにかかわる地域のブランドである。

　テーマ的ブランドは特定の分野についてのテーマと関連したものであり，観光地が提供可能な製品や経験に連係した特定のセグメントに存在する関心事を基盤としている。それらはストーリーを形成しているため，しばしば地理的ブランドよりも強力なものとなる。テーマ的ブランドのストーリー性は潜在的観光客と感情的レベルにおいて直接的な関係を築くことを可能にする。

　テーマは芸術，料理，冒険，文化，自然，環境など無限に設定可能である。これらのテーマに関心を寄せた人々はこのテーマでのブランド形成に熱心であり，好意的な態度・感情を示す。テーマ的ブランドは同時に近接地（国，県も含めて）が有する同質性（例えば文化，歴史，社会的価値観）を共有することにより，地理的細分化によるスラックスを減少させ得る。類似性を有する近接地と協働することにより，観光地は他所の有する価値との間でレバレッジ（てこ）効果を得ることが可能となり，より大きなインパクトを作りだすことが可能である。

　テーマ的ブランドを重視するのは，人々の多様性に幅広く対応できるためである。多くの観光地は，多様なモチベーションを持つ多様なマーケットに対応し，訴求しようと多様かつ広範囲にわたる製品や経験を作る傾向にある。なん

ら脈絡がないままで，これらを実現することは非常に困難である。テーマ的ブランドは個々のマーケット・セグメントに対して，それぞれに応じて適切なマーケティングを可能にするのである。

　しかし，すべてのテーマ的ブランドは同時に各観光地に固有のブランド価値をも反映・併有しておかなければならない。もしそうでなければ，金太郎飴のような観光地や産品が山積されることとなる。

　多くの場合，観光地は競争優位性を合理的に獲得できる限り，複数のテーマを有している。重要なことは，テーマ的ブランドは地理的ブランドとは異なり，観光客に提供可能な経験が地理的境界を越えて共通しているため，異なった観光地間の協働を可能にするという点である。

5．地理的ブランドとテーマ的ブランドの連関

　テーマ的ブランドは重要であるが地理的ブランドと相反するものではなく，むしろ連関させることにより有効に機能する。図表16-1のような関係を形成するには，双方の軸が必要である。

　潜在的観光客と観光地までの距離が遠い場合は，むしろ地理的ブランドが重要な機能を果たす。ターゲット市場（観光客として来てもらいた国や地域）が，観光地から遠方になるほど，その知名度や認識率は一般的には低下する。このため，土地の名前といった地理的な要素が重要になる。特に，特別な思いを持って旅行をしたことがない人や特別な活動のための旅行を経験したことのない人や休暇における行動について大まかな意識（「どこかへ行きたい」「リラックスしたい」など）しか持たない人に対しては，地理的ブランドが強い意味を持つ。

　しかし，旅行に対するニーズが明確な場合，テーマ的ブランドは特定の旅行ニーズに対応すべく，複数のマーケット・セグメントの中からより正確なターゲティングを可能にする。テーマ的ブランドの持つ柔軟性は，観光客が利用可能な製品や経験を広範囲にわたって提供することができる観光地に対してより多くの便益をもたらす。

　地理的ブランドとテーマ的ブランドは相互排他的な関係ではなく，テーマ的

ブランドが地理的ブランドのサブ・ブランドとして存在する場合もある。例えば，Paris, Milano, Kobeといった地名は地理的ブランドであるとともに同時に一定のテーマをもったブランドとして認識される。いずれも，その響きや字面に地理的名称とテーマ的ブランドが統合されているといえる。

　逆に，テーマ的ブランドの形成を意図する場合でも，観光地は地理的意味を持つ。テーマが持つ競争上のインパクトの礎として，その土地固有の息吹，香り，雰囲気などを有する必要がある。つまり，地理的ブランドとテーマは相互に強化される関係にある。テーマに基づいた経験が特定の観光地と結びつくことによりさらに有効に働くのである。例えば，今や日本国内にいながら，世界各地の味を愉しむことはできる。しかし，テーマに基づいたブランドは，食をよりテーマ性やコンセプトを持ったものへと昇華させる。フランス，スペイン，イタリアは国名であるが同時に食事をテーマとしたブランドとしても認識される。国名がテーマ性を持ったブランドにもなるのである。

　同じような体験ができる場所は世界に数多く存在するにもかかわらず，人々はなぜある特定の地を好んで選択するのか。それは，それらの国々，地域における観光客たちの経験から導出された，品質に対する認識によると考えられる。したがって，当該観光地と（潜在的）観光客との間の心理的関係が重要である。

　このように，地理的ブランドは限定された地域でのものであるが，テーマ的ブランドは国の内外を問わず越境する特性を有している点が鍵である。つまり，テーマ的ブランドは各地域間で観光地の訴求（類似的文化，風景，文化遺産，活動など）を共有しているところではより効果的である。また，国家や地域を超えたツアーへ観光客が行く際，その手間を最小限に抑えることも可能にする。より巨大なブランドを形成し提供することにより，また，マーケティングに必要な資源・資金を結束させることにより，さらにインパクトの大きなマーケティング・キャンペーンやプロモーションを可能にする。

（竹林　明）

第17章
観光とブランドデザイン

　近年ではブランドデザインという言葉が地域や観光にも使われるようになってきている。その理由の1つは，一般的な「ブランド」という言葉が指す対象が一部の高級衣料品などから，地域・観光など，価格や機能だけではない価値を求めるあらゆる対象に広がりを見せてきたためである。もう1つは地域・観光が「ブランド」という考え方を導入しなければならない状況にあるためと考えられる。

　ブランドデザインの基本的な考え方や方法論は20世紀後半では「CI（コーポレート・アイデンティティ）事業」といわれ，主に企業のアイデンティティの明確化とそのビジュアル化やそれらの運用において成熟してきた（ポール・ランドーによるIBM，PAOSによるNTTなど）。そして「ブランド」という言葉の流行もあり，「CI事業」に代わって「ブランドデザイン」や「ブランディング」という言葉が多く使われるようになってきている。

　CI事業が多くの企業に導入されてきたのは，企業の国際化や多事業化，業態の変化や時代との乖離など，アイデンティティ・クライシス（危機）に対する解決策として注目されたためである。中央集権から地方分権，地方の時代といわれるようになって地域に関心が集まるようになり，観光立国を目指し地域の観光を見直すようになったが，「その地域・観光の特色は？」と問われて答えに困るような所は少なくない。現在の日本の地域やその観光は，まさにアイデンティティ・クライシスの状況にあり，その解決方法としてブランドデザインが注目されるのである。

　ブランドデザインといっても広義には理念の形成から経営・運営方針や従業員・構成員態度まで企業・団体の内外に対するあらゆるイメージ構築をコント

ロールするところが対象となるが，本稿では狭義にアイデンティティのビジュアル化や地域資源の新ブランド構築に限定して話を進めることにしよう。また，総体としての地域そして観光のブランドと，地域資源・観光資源のブランドに分けて，前者として地域のシンボルマークである市町村章や観光地のブランドデザイン，後者として伝統産業・地場産業の新ブランド構築といった具体的な事例をあげながら，その実情と課題について述べていく。

1．地域・観光を表すビジュアル・アイデンティティ

視覚的なアイデンティティをビジュアル・アイデンティティ（以下VI）という。地域・観光に関わるVIには，地域・観光全体を示すものから限定的な観光地・地域資源を表すものまで様々なものがある。和歌山県を例にすると，和歌山県章，和歌山県観光キャンペーンマーク「和（なごみ）」，和歌山観光PRシンボルキャラクター「わかぱん」，わかやま国体マスコットキャラクター「きいちゃん」，プレミア和歌山推奨マークなどがあり，県内各市町村，各組合，企業・団体などが有するものなど多くのVIが存在する。近年特に注目されるのは「ゆるキャラ」をはじめとするご当地キャラクターの活躍である。

□都道府県章，市区町村章
□地域コミュニケーションマーク，観光キャンペーンマーク
□組合・企業・団体シンボルマーク，産地認定証（地域ブランド商標など）
□各種地域認定章（特産品認定，エコ商品認定，グッドデザインなど）
□イメージキャラクター，広報大使，観光大使，ご当地キャラクター

2．ブランドデザインの流れ

ブランドデザインのステップには大きく分けて4つの段階がある。第1に「アイデンティティの把握」の段階である。まずブランドの対象がどのようなものであるのか，社会的・時代的にどのような状況にあるのかを把握する必要がある。そして第2に「ブランドメイク」として第1段階で明確になったアイデンティティを元に，これから進むべき方向性を示し，具体的に視覚化していく。

策定されたVIは広告・広報戦略に基づいて第3段階として「情報発信・プレゼンテーション」され，内外に向けてコミュニケーションが図られる。ブランドデザインは一過性のものではなく長期的で連続性を持つものであるため，第4段階として「ブランド管理」が重要となる。ブランドをいかに守り育てていくのか，そして管理・運用下におけるブランドの評価を反映して，第1～4のステップをループさせていくことになる。

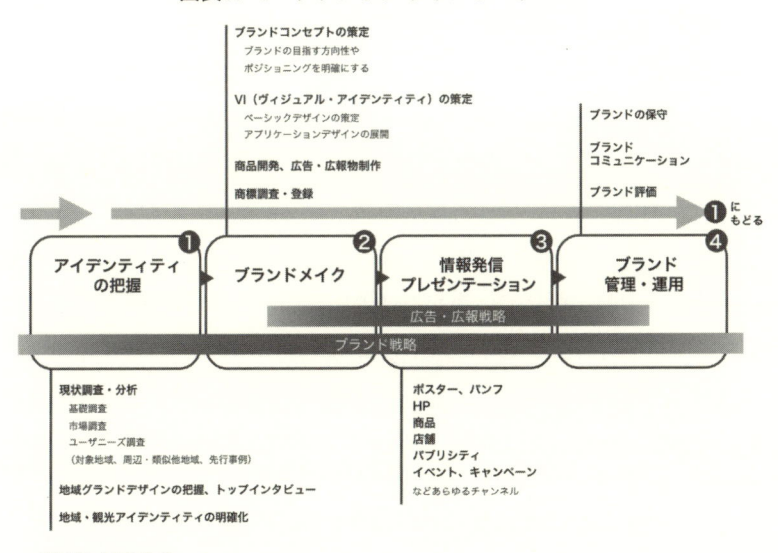

図表17-1　ブランドデザインワークフロー

❶ アイデンティティの把握	❷ ブランドメイク	❸ 情報発信プレゼンテーション	❹ ブランド管理・運用
現状調査・分析 　基礎調査 　市場調査 　ユーザニーズ調査 　（対象地域，周辺，類似他地域，先行事例） 地域グランドデザインの把握，トップインタビュー 地域・観光アイデンティティの明確化	ブランドコンセプトの策定 　ブランドの目指す方向性やポジショニングを明確にする VI（ヴィジュアル・アイデンティティ）の策定 　ベーシックデザインの策定 　アプリケーションデザインの展開 商品開発，広告・広報物制作 商標調査・登録	ポスター，パンフ HP 商品 店舗 パブリシティ イベント，キャンペーン などあらゆるチャンネル （広告・広報戦略）	ブランドの保守 ブランドコミュニケーション ブランド評価 ❶にもどる

ブランド戦略

（出所）筆者作成

3．ブランドデザインの実践

　理論的・理想的なブランドデザインのワークフローは前述の通りだが，実際には，そのすべての段階が完遂し，長期間継続して管理・運営することは難しい。クライアント（企業・自治体）側の理念が明確ではない，コンペ設計・審査方法が適切でない，マニュアルに沿った運営・管理がなされていない，など課題は多い。
　では，具体的にはどのようにブランドデザインが実践されているのか，筆者の関わった4つのケースを紹介する。

事例1：市町村章のデザイン（和歌山県海南市，紀の川市，日高川町）

　平成の大合併によって新たに多くの市町村章が策定された。1999年に3,200余りあった市町村が2010年には1,700余りに半減している。つまり1,500ものVIが消滅し，合併した多くが名称と共にVIを新しくしている。和歌山でも幾つかの合併が行われ，その内3市町について市章・町章の策定とマニュアル化に関わった。いずれの地域もコンペ形式で選定され，筆者が補正・マニュアル化し，現在運用されている。

　本来自治体のマークは地域をシンボリックに表し，かつ，識別標として機能するものでなければならない。しかしながら早急な合併の弊害もあり，別のアイデンティティを有する地域同士のアイデンティティのすりあわせは困難も多く，抽象的で一般的なイメージしか有しない（結果的に他地域と似通った）マークになった自治体は少なくない。地域のブランドデザインにおいて中心的な役割を担えるアイテムであるにも関わらず，地域のステートメント（スローガン）とあわせて個性を打ち出せているものは少ない。代わって地域のコミュニケーションマークとして注目されているのがご当地キャラクターである。しかし，このご当地キャラクターも過度の乱立が見られ，一過性にすぎないか危惧されるところである。

　　　図表17-2　市町村章（左から海南市，紀の川市，日高川町）

事例2：観光地のブランドデザイン（丹生都比売神社）

　世界遺産「紀伊山地の霊場と参詣道」として登録されているものに高野山と関係の深い丹生都比売神社（和歌山県かつらぎ町）があるが，現状では余り知名度は高くなく，観光資源として十分に活用されているとは言い難い。世界遺

産＝観光地ではないが、「にほんの里100選」にも選ばれた天野の里とあわせて、対外的に発信されるべき魅力を十分に持っているといえる。

そこで筆者は丹生都比売神社の依頼により、ブランドデザインに基づいて春の花盛祭と冬の初詣のポスターを制作し、ブランドイメージの浸透と広告効果について調査を行っている。ブランドデザインにあたっては、神紋の「三つ巴」、「丹」の意味する「朱色」、女性神であるというイメージ、建築的特徴である太鼓橋の「アーチ」をVIとして、シリーズ化（2006～）したポスターが制作されている。そしてブランド管理として、例年ゼミ生のフィールドワークを花盛祭にあわせて実施し、ブランドイメージや広告効果に関するインタビュー調査を行っている。分析によると、同神社・花盛祭とポスターの発信しているイメージに整合性がある結果が出ており、世界遺産としての認知度も高まるなど、ブランドデザインとしての一定の効果が得られている。

図表17-3　丹生都比売神社「花盛祭」ポスター（2012年、右は電車内中吊り広告）

事例３：伝統産業におけるブランドデザイン（紀州漆器）

和歌山県を代表する伝統産業（経済産業大臣指定）には紀州漆器があり、盆類の生産を中心とした全国有数の産地である。しかしながら戦後工業化（プラスティック素地、化学塗料、スプレー塗り、シルクスクリーン印刷）して発展してきたこともあり、伝統工芸士は減り、産地イメージは弱い。そこで筆者は、低

価格競争からの脱却や消費者の漆器離れに対する模索を続ける中で，幾つかの共同研究を実施してきた。マーケティングやCADの導入による商品開発力の強化を提案し，産地イメージ回復を目指し紀州漆器伝統産業会館のリニューアルなどを行っている。その1つとして中西工芸株式会社（和歌山県海南市）との共同研究で，コーディネートしやすいテーブルウェアシリーズ「あわせあそび」のブランドデザインと「iro-ita」の商品化（2010），和歌山ならではの紋様の提案「和歌山紋」の商品化（2012）とブランドデザインを行っている。

それぞれ商品化にあたり，ネーミングとそのロゴ・シンボルマークのデザイン，カタログ，展示ブースをトータルでデザインし，情報発信としてインテリア・ギフト関係の国際見本市に出展するなど，ブランド化を推進している。

図表17-4 あわせあそびロゴ

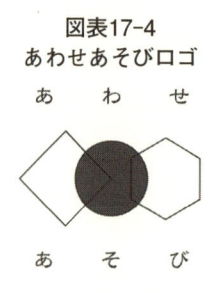

図表17-5 iro-itaカタログ（一部抜粋）

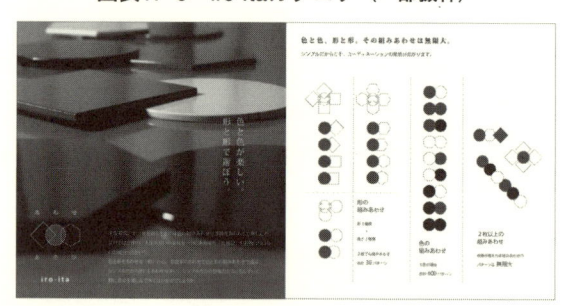

図表17-6 和歌山紋カタログ（一部抜粋：紀州橘紋，めじろ紋）

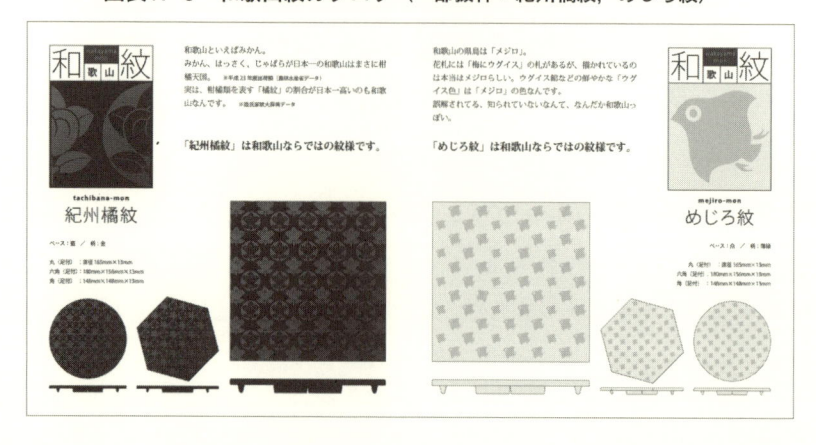

事例４：地場産業におけるブランドデザイン（建具）

　和歌山県の地場産業の１つに建具がある。その建具の技術を活かした新商品開発およびそのブランド化として，向井建具（建具メーカー，和歌山県和歌山市）との共同研究が行われ，その成果物として収納力のあるドア「タナドア」が商品化（2010）に至っている。この「タナドア」の開発にあたっては，製品デザインからネーミング，シンボル・ロゴマークのデザイン，販促グッズ（カタログ，名刺），展示ブースに至るまでブランドデザインの考えに基づいてトータルでデザインしている。「タナドア」は和歌山大学・向井建具の共同出願で商標登録され，インテリア関係の国際見本市にも出展された。

図表17-7　タナドアカタログ（一部抜粋：表紙，Type-G）

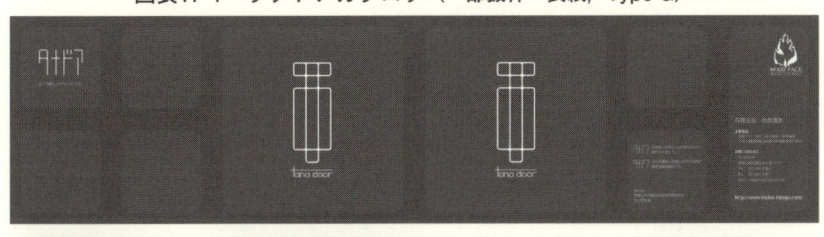

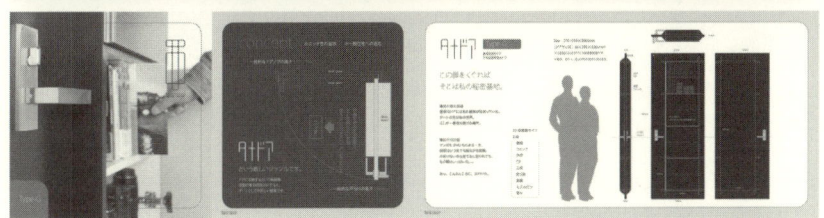

図表17-8　タナドアロゴ

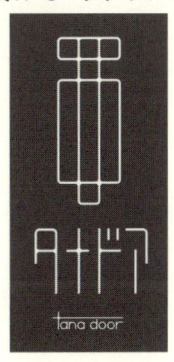

図表17-9　展示会ブース

4．地域・観光ブランドデザインの課題

　ブランドデザインにおいて重要なことは，意図的整合性の図られた長期的・連続的なデザインを行うことである。企業を例にすると，製品やそのパッケージ，従業員の営業態度やユニフォーム，名刺やステーショナリー，会社の建物や店舗，営業車，看板や屋外広告，TVCMから新聞・雑誌広告，ポスターやインターネットのサイト，パンフレットやガイドブックなど様々な広報物や販促グッズまで，多種多様な場面で視覚的に消費者と接している。そして，そのあらゆる場面において，意識・無意識にかかわらず何かしらの視覚的な印象を与える。これらのイメージが蓄積してトータルとしてのブランドイメージが構築されることになるのである。ブランド力があるといわれるアップル社やコカ・コーラ社のVIは終始一貫しており，ブランドイメージは明確である。

　逆にこれらがバラバラな印象を与えるものであると，様々な視覚体験が連動されず，ブランドイメージが構築されないばかりか，根本であるアイデンティティとずれたイメージ，誤解されたイメージが与えられることになりかねない。部署や担当者レベルで場当たり的なデザインをしてしまうこと，広告物を短期的な判断だけで制作してしまうこと，はよくあるが，これらの行為はブランドの確立には逆効果と考えられるのである。

　では，地域の観光ポスターやCM，パンフレット，広報誌，HP，キャラクター，観光地サイン，看板や施設，ユニフォーム，ステーショナリーなどのデザインは意図的整合性が図られているだろうか。地域をあげて明確なアイデンティティに基づいてブランドデザインされている自治体がどのくらいあるのか。現状では起点となるアイデンティティも明確化できていない自治体が多いことも事実である。

　このブランドデザインの第1段階が曖昧なまま，流行としてご当地キャラクターを作り，先進地の観光ポスターを真似てみても「その地域・観光の特色」が内外に浸透するのは難しいだろう。

（北村元成）

第18章
観光と音楽
―― ブランドの観点から ――

1．考察の観点

　わが国に観光庁が国土交通省の外局として発足して4年経過した。これは観光というものを国の重要な産業の1つとして進めていこうという表れである。その国土交通省観光庁の「観光入込客統計に関する共通基準」(2009)では，「観光とは，余暇，ビジネス，その他の目的のため，日常生活圏を離れ，継続して1年を超えない期間の旅行をし，また滞在する人々の諸活動」，「観光入込客とは，訪問地での滞在が報酬を得ることを目的にしない者」とされている。さらに「観光とは，人々が風物や名所を訪問したり，気晴らしや保養のために定住的場所を一時的に離れて行う自由時間における消費活動である」(大橋，2010a)という見解を踏まえ，観光に「音楽」に関するものを含んだものが散見されるようになった今日，2008年ケラー (Keller. K. L.)『戦略的ブランドマネジメント』(第3版)(Strategic Brand Management. 3rd ed.)を基に音楽を専門に研究する者の視点から「音楽会」をとりあげ，観光と音楽の関係について供給側から考察する。

　ブランドというと，物品や企業にだけにあると思われている人があるかもしれないが，当然の事ながら，歌手などの音楽演奏家，プロスポーツの選手など個人にもあるし，そのチーム・団体等にもある。そうした場合のブランド価値の違いは，例えば音楽の場合，演奏会チケット料金の高低に現れる。こうしたブランドは，特に最近世界的に注目を浴びているが，個人ブランド (personal brand) の問題について世界的な先駆けといえるラムパーサド(Rampersad. H. K.) は，2009年の書の序文で，パーソナル・ブランドは，多かれ少なかれ，誰にでもあるものであるが，これを熟知し，そしてそれを戦略的に，効果的に，かつ

一貫した形でマネジメントできている人は少ない，と述べている。

なお，本章では「音楽会」と「演奏会」を同意語として扱う。

2．マーケティングからみた音楽会

15～16世紀のルネサンス時代や17～18世紀にかけてのバロック時代とよばれる未だ規模が小さく，限られた聴衆に対しての音楽提供の時代から18世紀全盛の古典派時代，19世紀のロマン派時代，20世紀の近代・現代，と文明の発展と共に音楽も産業とよばれるようになった。そして今日，音楽会も芸術の表現行為という一面とサービス業としての一面の両方を持ち合せているという認識が一般化しているのは周知のとおりである。

(1) 製品戦略からみた音楽会

音楽を産業としてみてみると，音楽会をその産物である製品としてみることができる。そして，受け手と送り手の関係を送り手側の立ち位置から検証してみると，まず，どの様なジャンルの音楽会かが問われる。音楽にはいわゆる芸術音楽とよばれるクラシック音楽やポピュラー音楽，ジャズやロック，世界中のエスニック音楽やそれから派生した音楽等があるが，聴衆への提供の仕方がジャンルによって全く異なってくる。また，さらにそれぞれが進化した部分も含めそれらを1つの枠でくくることが大変困難な状況になっている。しかし，現状ではプロモーターや音楽事務所が製品あるいは商品として製造している部位に当たるプレーヤー（演奏家や演奏団体としてクリエイティブな部分を担当している人）を得意なジャンルごとに抱えたり，リサーチ力を生かしてキャスティングを行ったりしていることが事務所の特徴としても定着している。その結果，行われる音楽会のジャンルがそれを取り仕切るプロモーターや音楽事務所の差別化として認知され，製品提供でいえば送り手である企業の種類別の棲み分け化も明確になっている。

他方，音楽会は聴衆（消費者）が「生（なま）の音」を聴いたり，演奏者に間近に接するためのイベントであるが，それと並行して送り手側の付加価値の創出として，あるいは固有の流通商品としてレコード，テープ，CD等の媒体

の存在が挙げられる。ここでこれ等媒体の変遷を一般的にみてみると，SPレコード，LPレコード，テープ（オープンデッキ），カセットテープ（カセットデッキ），その後の画期的なデジタルの出現によるLD（レーザーディスク），CD（コンパクトディスク），MD（ミニディスク），と目まぐるしい変化を遂げ，さらに現在ではコンピュータからのダウンロードの時代と象徴されるように，物としての媒体ではない時代が到来した。スペースを取らずに蓄積が可能な電子機器はまさに革命が起きたといっても過言ではない。音の明瞭さ，便利さ，手軽さ等を兼ね備えた映像機器を含めたIT産業は今後も益々加速度伴って発展するであろう。しかし，それらの進化はさほど古くもない媒体を使用した場合に機種自体がすでに入手困難な場合が多く，もはや作動不可能の状態を多く創り出す。急速な発展は，同時に淘汰をもたらしていることも消費文化の現実である。戦後の半世紀の特徴の１つとして，このような情報伝達手段の激変が一番に挙げられるであろう。

(2) **価格戦略からみた音楽会**

一般的に音楽会の価格は，演奏行為者が単独か複数かによらず，その報酬としての部分が多いとされているが，内訳としては大雑把にみてプロモーターや音楽事務所への人件費，会場施設等の賃貸料，ポスター・パンフレット・チラシ等の広報料等を累計しての結果によるものであるが，音楽会が成功したか否かの判断は演奏内容が成功したか否かとは別の興業的な判断がなされる側面がある。それは演奏会場のキャパシティからどれだけの集客が見込まれたかという視点である。満杯であったかガラガラであったか，または半々か７割の入りであったか等々。これは直接売り上げに結び付くため大変重要なポイントであるが，拠り所となるのが宣伝力・広報力であり，さらにその拠り所となるのが芸術家・アーティスト個々に備わっているブランド力になってくる。したがって企画の段階で招聘する立場としては，いかにブランド力のあるプレーヤーやアーティストをよぶかが重要なポイントにもなってくる。

(3) **流通戦略からみた音楽会**

音楽会に行くということは能動的な音楽の聴き方に入るが，そのためにまず

「チケット」を購入しなければならない。この消費行動が一般的な物品消費行動とは少々異なることが考えられる。つまり「前払い」の購入方法である。チケットの前売り券や当日券という概念ではなく，音楽会に行くためにチケットを買うということは世界中の常識であるし，何ら疑いの余地のない消費形態である。しかし，いわゆる普通の物品・製品購入の際のように手にとって感触をみたり，機能を点検したり等が全く無い状況で購入を決断する行為である。音楽が行われている場所へ行けば身体的・精神的な充足感や満足感が得られると考える，つまり音楽を体験する事によって近い将来の自分自身の幸せが増加する状況を予想（希望）し購入するのである。したがって，予想するという不確実性か伴う分，チケットの購入はリスクが高い。このリスク回避の手段としても前記で述べたCDその他音楽媒体を消費者は音楽情報として購入する場合もあるし，そこに企業と消費者との需要と供給のバランスが成り立つ。音楽会へ出かけることは主に精神的な満足を得るためとしての要素が強い信用商品であるが，美術館・博物館・映画館あるいは動物園に行くことも同様と考えられる。身体的な満足を得るための要素が強いものとしてはテーマパークに代表される遊園地等に行くことが経験商品と考えられるが，それとて大局的な見地からすると両者とも目的は精神的な充足感・満足感を得るためにと収斂されるかも知れない。

　チケット購入という行為は先述のように一般的に品物を手に取らずに購入する流通形態としての「通信販売」に類似しているが，決定的な違いは「クーリングオフ」制度が無いことである。音楽会で不満足であったり感動しなかったりした場合でも一度聴いてしまえば余程のことが無い限り払い戻しが出来ないことは，信用商品・経験商品であることの証である。

(4) マーケティング・コミュニケーションからみた音楽会

　ケラーによると「マーケティング・コミュニケーションとは，企業が販売するブランドについて直接的または間接的に消費者に情報を提供し，説得し，記憶を喚起するための手段である」(Keller, 2008)と定義されているが，マーケティング・コミュニケーション手段として，特にメディアの発達について考えたい。

前記の「製品戦略からみた音楽会」の項でも述べたように，コンピュータの進化により情報伝達手段の大幅な発展は反面，クリエイティブな芸術活動の世界においてそのまま諸手を上げて喜ぶべきことなのであろうか。それを記録し鑑賞する手段が進化すればするほど，音楽は「演奏する」というアナログ的な行為から次第次第に離れて行く。つまり「生(なま)の音」ではなく完成された「バーチャルな音」になるということである。いつしか生音と全く同質の音が出る機器が開発されようとも，音楽会で味わえる空気感というべき感覚は味わえるのか，一体どのように創り出していくのか，興味はあるが同時に疑問も残る。

3．音楽ブランドの特性

音楽には「製品戦略からみた音楽会」の項で述べたように様々なジャンルがあり，音楽そのものが独り歩きをするものではなく，まず演奏者を通しての評判が拡がり，多くの賛同者や支持者を生み出し有名になっていく過程では曲そのもの，つまり作品について深く理解され，その送り手である演奏家についても広く認識されることになる。そこにメディアや音楽産業が伴いブランド化が成立する。これがオーソドックスなパターンであるが，現代ではこうした自然の流れではなく，演奏者の様子が明確に判明しない前から流通経路に乗せる事でブランド化を図ろうとする動きが，特に芸術音楽以外のジャンルで多くみられる。これらは販売戦略が先行したケースだが，「良いから売れる」ではなく，「売れるから良い」という認識を生もうとする土壌や過剰に造られた評価にみられる業界体質は，正当な消費文化ではなく歪められた消費文化とでもいえようか。

芸術音楽を表現する例とし，オーケストラと指揮者の関係をみてみると，指揮者が音楽監督や終身指揮者，名誉指揮者，桂冠指揮者等と称され，1つのオーケストラに永年に亘り在籍し顕著な演奏を残したといわれているところにブランドという言葉が使われている。指揮者の一挙手一投足がオーケストラ団員にコミュニケーションとして伝わり，それが音楽に反映して極上の演奏をする。つまりオーケストラという「集合体である楽器」を巧みに使いこなし醸成した

固有のサウンドを披露することによって，聴衆は深い感動を伴い心を癒されたと感じる。そのような関係の指揮者とオーケストラがブランドとして認知される。これはケラーの「同一の消費者ニーズを満たす他の製品に対して，なんらかの方法で当該製品を差別化できる追加的要素」に当たると考えられる。

4．戦後世界のブランドと考えられる指揮者とオーケストラ

そこで，ここでは，ブランドと称されることが多い世界の指揮者とオーケストラを挙げる。

①カラヤン指揮：ベルリンフィルハーモニー管弦楽団（Berliner Philharmonik & Herbert von Karajan）…古来，名指揮者といわれる人が何人も携わったが，特にカラヤンはオーケストラメンバーに名手を揃え結果的にインターナショナル化を進めた。また，あらゆる曲の録音を行い全体的には速目のテンポで世界中に発信した。

②ベーム指揮：ウィーンフィルハーモニー管弦楽団（Wiener Philharmoniker & Karl Böhm）…カール・ベームはベルリン・フィルのカラヤンとは対照的に全体的に落ち着いたテンポの演奏を行った。また，ウィーン・フィルは元来オペラとの関係が深いオーケストラだが，少々古い楽器を現在も使用している。

③バーンスタイン指揮：ニューヨークフィルハーモニック（New York Philharmonic & Leonard Bernstein）…レナード・バーンスタインは躍動感溢れる指揮で団員を導き，自身の作品等も発信する等，またミュージカル音楽も多数発信した。

④ショルティ指揮：シカゴ交響楽団（The Chicago Symphony Orchestra & Sir Georg Solti）…サー・ゲオルグ・ショルティはライナーやマルティノンから引き継ぐアメリカンブラスといわれるような重厚な金管サウンド創りに貢献した。

⑤セル指揮：クリーブランド管弦楽団（The Cleveland Orchestra & Széll György）…ハンガリー出身のジョージ・セルは完成度の高いアンサンブルでロマン派の作品を多く発信した。

⑥オーマンディ指揮：フィラデルフィア管弦楽団（The Philadelphia

Orchestra & Eugene Ormandy)…ハンガリー出身のユージン・オーマンディはフィラデルフィア・サウンドと称される，大変柔らかく且つ重厚なサウンドを創った。オーボエにはフランスからアメリカへ渡り，現在のアメリカンスタイルといわれるリードスタイルを確立したマルセル・タビュトーの直系の弟子達が担っている。

⑦アーサー・フィードラー指揮：ボストンポップス管弦楽団（Boston Pops Orchestra & Arthur Fiedler)…オーストリア系アメリカ人のアーサー・フィードラーがボストン交響楽団のメンバーをシーズンオフに集め，クラシック以外のポップス・映画音楽等を主に演奏し世界中に発信した。

⑧ノイマン指揮：チェコフィルハーモニー管弦楽団（Česká filharmonie & Václav Neumann)…ヴァーツラフ・ノイマンは長期間チェコ・フィルに在籍し，特にチェコの作曲家の作品を多くとり上げ，チェコ・フィルと共に東欧独特の純朴性や温か味のある演奏を行った。

⑨ムラヴィンスキー指揮：レニングラードフィルハーモニー交響楽団（Leningrad Philharmonic Symphony Orchestra & Yevgeny Mravinsky)…エフゲニー・ムラヴィンスキーはレニングラード・フィルハーモニー交響楽団に長期間在籍し，厳しい練習の下オーケストラの機能向上に貢献した。ロシアン・ブラスといわれている金管楽器の煌びやかな響きに支えられ，重厚さと柔軟さを表現した。

5．戦後日本のブランドと考えられる指揮者とオーケストラ

戦後日本のものでは，以下のようなものがある。

①岩城宏之指揮：NHK交響楽団…打楽器出身の岩城宏之は現代曲や日本人作曲家の初演が顕著で，メルボルン交響楽団の終身桂冠指揮者やオーケストラ・アンサンブル金沢の音楽監督も務めた。

②渡邊暁雄指揮：日本フィルハーモニー管弦楽団…フィンランド人を母にもつ渡邊暁雄は北欧やフィンランドの音楽等に足跡を多く残し，日本フィルハーモニー交響楽団の創立に貢献した。

③朝比奈隆指揮：大阪フィルハーモニー管弦楽団…朝比奈隆は大阪フィルハーモニー管弦楽団の総監督として長期間君臨し，特にブルックナーの演奏に名演を残した。

6．音楽の役割

　ここで演奏論的アプローチをすると，音楽は創作の産物である作品とよばれる「楽曲」と，再現芸術を担う「演奏」に分かれ，どちらも表裏一体をなす関係である。そして，理解者である「聴衆」の存在を表出することでその関係はトライアングルのバランスを保ち得る。特に聴衆の多くは楽譜を見て音楽全体を把握する訳ではなく，作品の解釈が加えられた「演奏」を聴くことは作曲家，楽曲，演奏家の三者のお披露目の現場にまさに立ち会うことなのである。その結果，作品の魅力を体験し，ひいては感動へと導いてくれた水先案内人たる演奏家に最大の敬意を払いつつ，素材提供者である作曲家に尊敬の念を抱くのである。ブランドといわれる演奏家はその魅力の中に必ず，作品の最大の理解者たるに相応しい卓越した技術と揺るぎない精神力が備わっているものである。そして，演奏は人間のクリエイティブな行為であるので，人によって演奏法が違う…解釈が違うといった現象が起こり，作品の内容が異なって伝達されるというリスクも当然発生してくる。しかし，様々な表現方法があるからこそ面白く，多彩なフレージングやキャパシティーレンジの拡がりに聴衆は飽くなき期待と興味を示してくれるものである。総括的にいえば，音楽会は消費者（聴衆）が日常では対面不可能な世界（空間において派生する時間芸術）を体験する行為であるから，その特性からしても観光の定義とほとんどの部分が重複する。また，そこにブランドという付加価値が伴うことで，さらに観光の強力な充分条件に成り得ると考える。

（米山龍介）

第19章
観光地ブランド形成におけるホテルの役割

1. ホテルとその分類

　本章では，観光地ブランド形成におけるホテルの役割に着目する。これについて，ホテルが単独で行う自社ブランドの形成，観光地とホテルが協力しながら行うブランド形成の2つのレベルから述べてみる。まずは，ホテルの定義およびその分類を説明することから始めたい。

　宿泊業とは旅館業法により規定された施設を運営する業務であり，大きくホテル，旅館，簡易宿所，下宿に分類することができる。いうまでもなく，宿泊業の中心的プレーヤーとして位置づけられるのがホテルおよび旅館である。旅館業法第2条2によると，「ホテル営業」とは洋式の構造および設備を主とする施設を設け，宿泊料を受けて，人を宿泊させる営業で，簡易宿所営業および下宿営業以外のものをいう。同じく第2条3で「旅館営業」とは，和式の構造および設備を主とする施設を設け，宿泊料を受けて，人を宿泊させる営業で，簡易宿所営業および下宿営業以外のものをいう。おおよそ洋室を中心として運営されているのがホテル，和室を中心としているのが旅館と考えてよいだろう。厚生労働省「衛生行政報告例」によると，2000年におけるホテルと旅館の客室総数は，ホテルが62.2万室，旅館が95.0万室であり，大幅に旅館が多い。しかし，2011年度では，ホテルが81.4万室に対して，旅館76.1万室とホテルと旅館の部屋室数は逆転する。また，着目すべきはホテルと旅館を合計した客室総数である。その数は，2000年が157.2万室であるのに対し，2011年が157.5万室とこの10年でほとんど変わっていないことがわかる。施設数ベースでみると，2000年度において，ホテルが8,220，旅館が64,831であった。ところが，2011年度ではホテルが9,863，旅館が46,196であり，ホテルの増加と旅館の減少がみてとれる。

おおよそ2000年前後を境に，宿泊業は，客室ベースでも，施設ベースでもホテルの増加，旅館の廃業という傾向にあるのがわかる。ただし，観光客にとって，ホテルと旅館という用語の持つ意味は重要な問題でなく，どちらも同じく観光に付随して宿泊施設に泊まっているに過ぎない。

さらに，ホテルは提供するサービス内容で大きく2つのタイプに分類することができる。第1に提供しているサービスが基本的に宿泊のみであるホテル，第2にそれに加えて宴会サービス，レストランなど複合的にサービスを展開するホテルである。前者は宿泊特化型ホテル，後者は多機能型ホテルとよばれる。わが国には，ビジネスホテルと表現されるホテルがある。ビジネスホテルの多くは宿泊特化型ホテルに分類されるホテルである。また，シティホテル，リゾートホテル，エアポートホテル，ターミナルホテルなど，ホテルが位置する場所による分類もある。加えて，ラグジュアリーホテル，バジェットホテルなど価格帯クラスによる分類もある。このようにホテルには多様な形態があり，観光地における役割も少し異なる場合がある。ここでは紙幅の関係上，ホテルの詳細な分類には立ち入らない。旅館や様々なタイプのホテルを含む宿泊施設を広くホテルと捉えることにする。

2．観光地ブランド形成におけるホテルの役割

ケラー（Keller, 2008）によると，ブランド知識がブランド・エクイティ創造の鍵を握る。そして，ブランド知識はブランド認知とブランド・イメージという2つで構成されるという。ここで，ブランド認知とは記憶の中のブランド・ノードや記憶の痕跡の強さに関わるものである。他方で，ブランド・イメージとは消費者のブランドに関する知覚であり，消費者の記憶にあるブランド連想を反映したものである。つまり，そのブランド商品やブランド名から連想するキーワードの束と考えてもよいだろう。ブランド連想が強く，独創的，他ブランドと差異的であるほど，消費者にとってそのブランドは強いイメージを残すことになる。加えて，ブランドとして消費者に選択されるためには，そのイメージが好意的であることが不可欠である。

観光地ブランドにおけるホテルの位置づけの大きさはいうまでもない。観光客のホテル利用は宿泊利用だけにとどまらない。宿泊を伴わない場合の食事や一時休憩，温泉利用のみの利用もある。ホテルでの様々な体験が，観光客のその観光地での印象に影響を与える。また，ホテルの建造物そのものが観光資源となる場合もある。わが国でも日光金谷ホテル（栃木県日光市）や富士屋ホテル（神奈川県足柄下郡箱根町）など登録有形文化財に指定されているホテルもある。また，東京駅の構内にある東京ステーションホテルは国の重要文化財でもある。

　ここで，ホテルが観光地ブランド形成に与える影響は，①ホテル自体が観光地ブランドに影響を与える場合，②ホテルが観光地のブランド構築戦略に組み込まれる場合の大きく2つのパターンが考えられる。

　まず第1は，ホテルが単独で観光地ブランドの形成に与える影響である。これは，そのホテルが高い独自性や特徴を持つ場合に生じる。その効果として，観光地の知名度，ブランド認知とブランド・イメージへの影響がある。石川県和倉温泉に，32年連続で「プロが選ぶ日本のホテル・旅館100選」の総合1位に選ばれた加賀屋という旅館がある。加賀屋には年間20万人以上の宿泊客が訪れる。その中には，加賀屋に宿泊することを目的として，和倉温泉に行くという観光行動をとる観光客も多い。加賀屋への宿泊を目的とした観光客の増加は，和倉温泉の観光地としての知名度に影響を与える。

　ブランド認知とは，記憶の中のブランド・ノードや記憶の痕跡の強さに関わるもので，異なる状況の下でもブランドを識別できる消費者の能力として測定可能である（Keller, 2008）。ホテルの独自性や差異性が大きいほど，そこでの経験が記憶として書き込まれるとともに，連想のネットワークに組み込まれやすい。ブランド認知は，下位概念としてブランド再生とブランド再認に分類することができる。ブランド再生とは手がかりとして製品化カテゴリーや使用状況が与えられたとき，ブランドを記憶内から検索できる能力，ブランド再認とはあるブランドが手がかりとして与えられたとき，そのブランドを認識できる能力である（青木・松下ほか, 2012）。なかでも，ホテルは観光地ブランドの再

認に影響を与えることができる。ドイツには古城を利用したホテルがいくつか存在する。ザバブルグ城はラインハルトの森にひっそりとたたずむ素敵な古城である。これを宿泊施設に改装したのがシュロスホテル・ザバブルグである。緑に囲まれた森に立地する，その強烈な印象は，その地域を観光客の心に植え付ける。どこかで緑に囲まれた森の中にあるシュロスホテル・ザバブルグの写真をみたとき，心に刻まれたザバブルグ地方を即座に認識することになるだろう。このような認識パターンは連想のネットワークにもつながる。緑に囲まれたきれいな場所→ラインハルトの森→シュロスホテル・ザバブルグ→ザバブルグ地方，お城→ザバブルグ城→シュロスホテル・ザバブルグ→ザバブルグ地方といった連想である。

　ブランド・イメージとは，消費者のブランドに対する知覚であり，消費者の記憶内にあるブランド連想を反映したものである(Keller, 2008)。例えば，ソニーをイメージするとき，われわれは技術力，革新的といった言葉を浮かべるといったことである。ブランド・イメージが肯定的なものであるほど消費者には選択されやすい。ある観光地のホテルで，非常に親切で，思いやりの心に満ちた接客サービスを経験したとしよう。われわれは，サービスがよいホテル，スタッフの接客が非常に親切というイメージをそこにもつかもしれない。その観光地での宿泊経験が，その観光地のイメージに拡張していくことも考えられる。ホテルのブランド・イメージが，観光地のブランド・イメージに影響を与えるのである。

　第2に，ホテルが観光地のブランド構築戦略に組み込まれ，観光地ブランド形成に一定の役割を果たす場合もある。地域の観光協会や行政とタイアップしたキャンペーンへの参加，観光地ブランド構築への取り組みへの協力などがそれにあたる。もちろん，観光地ブランド戦略は成功する場合も，必ずしもうまくいかない場合もある。

3．観光地ブランド強化におけるホテルの役割

　ホテルとの関連の上で観光地ブランドを高めるために大きく2つのことにつ

いて考える必要があろう．第1に，現地のホテル自体のブランド強化である．強いブランドホテルは観光地ブランドの強化にポジティブな影響を与える．第2に，ホテルと協力しながら実施されるブランド強化プログラムである．

まず第1に，ホテルブランドの強化について考えてみる．近藤（2007）によると，サービスはコア・サービス，サブ・サービスに分類することができるという．コア・サービスとは，消費者が主としてそのサービスを利用するために料金を支払っているサービスであり，それ自体が事業として成立するものである．他方でサブ・サービスはコア・サービスに付随するサービスであり，付加的な要素である．ホテルのコア・サービスは，安全で快適な宿泊サービスの提供であり，観光客は本質的に客室利用を目的として対価を支払っている．ただし，ホテルが提供するサービスは客室を利用する権利だけではない．ホテルでは，それに付随して，食事，ランドリー，モーニングコール，プール，駐車場，OA機器の貸与，バトラーサービスなど様々なサブ・サービスも提供している．これらサービスだけでなく，ホテルではそのブランド価値を高めるために，外観，エクステリア，インテリアなど空間の設計にも配慮している．近年，ホテル建設に著名な建築家やインテリアデザイナーが起用されるようになってきた．ホテルのブランド価値を向上させるために，これらの提供物を効果的に活用する必要がある．

ケラー（Keller, 2008）のブランド・ビルディング・ブロックに依拠すると，強いブランドを構築していくためには，標的とする消費者の情報処理特性に応じてコンタクト・ポイントを設計・管理し，統合的なマーケティング・コミュニケーションを継続していく必要がある（青木・松下ほか，2012）．そこで，まず考えるべきは，当該ブランドが標的とする消費者にそのカテゴリーに含まれるかを連想させる同化ポイント，そして，そのカテゴリーに属する他ブランドと比して独自性を連想させる差別化ポイントの設定である．例えば，ホテルがラグジュアリーホテルというカテゴリーで勝負することを選択した場合，消費者にそのカテゴリーに属すると連想させるためにフロント付近の空間のインテリアデザインを豪華にする，スタッフが品質の高いサービスを提供するなど，

同化ポイントについて考えていく必要がある。しかし,他ブランドホテルとの差別化ポイントも同様に必要である。ザ・リッツ・カールトン大阪のインテリアコンセプトは,18世紀英国の伝統的なジョージアンスタイルである。そのコンセプトに基づき,まるで貴族の邸宅を彷彿させるような数々の絵画や美術品,豪華なペルシャ絨毯,クリスタルシャンデリアなどで温かい雰囲気を出すとともに,高級感が演出されている。

　ホテルが同化ポイント,差別化ポイントを用意したとしても,それが消費者に伝わらなければ効果がない。消費者にホテルやブランド,サービス評価に関わる情報にいかに接触させるか。消費者とブランドのコンタクト・ポイントについて考える必要がある。これには,一度のコンタクトで消費者がどれだけの情報受け取ることができるかという情報量の問題,情報接触の容易さ,消費者のタイプを考慮した情報提供など,配慮要件はいくつかある。具体的な手法として,一般的にメディアやインターネットなどの媒体を用いた広告活動,販売キャンペーン,価格情報の提供などが用いられやすい。ホテルでもブライダルフェアなど各種キャンペーン,ホームページ,メディアを使った広告などの手段は用いられる。ただし,ホテルは経験財であり,消費者のサービス経験の認知評価がブランド評価に大きな影響を与えるという特徴をもつ。そこで,コンタクト・ポイントとしてホテル利用者のサービス場面での接触を管理することが重要である。もちろん,ホテルを利用するのは宿泊客や宴会,レストラン利用者だけとは限らない。待ち合わせに利用する人,単に通路として館内を歩いている人など,有料サービスを利用しない人も含まれることに注意が必要である。

　これには,利用者がホテル内に入館することで目にするインテリア,客室,眺望など空間的要素がある。さらに重要なのがスタッフとの接触・コミュニケーションである。スタッフと顧客の接触時間はいかほどか,その接触でどのような情報や価値を伝達することができたか。これらは利用者のブランド認知に重要な影響を与える。近年はインターネット文化の発達により,ブログなど利用者が積極的に情報発信するようになってきた。これも考慮要件であることを付

け加えておく。

　また，ブランド価値，情報が統一的なコンセプトをもとに提供されると，利用者にそのブランド価値を強く伝達することができる。世界最大のホテルグループの1つであるスターウッドでは（シェラトン，セントレジスなど複数のホテルブランドを所有する），それぞれのホテルブランドごとで，異なるコンセプトに基づくサービスが提供されている。例えばシェラトンではビジネスユーザーを意識したサービス，セントレジスでは，バトラーサービス（バトラーとよばれるスタッフが，宿泊客のあらゆる要望を24時間対応してくれる）に象徴されるように，時代をこえた洗練さとモダンな高級感を併せ持つ最高級のサービスといった具合である。

　第2に，ホテルと協力しながら実施されるブランド強化プログラムについて考えてみよう。観光地ブランドを強化するために，観光地の同化ポイント，差別化ポイントについて設計する必要があるが，その価値を鮮明に消費者に伝えるためには，訴求ポイントについては統一的に管理していくことが重要である。そのために，観光地の利害関係者がそれぞれ独自に経営していくのではなく，観光地全体で統合的に関係するプレーヤーが協力していく必要があろう。もちろん，そこにホテルが果たす役割が大きいのはいうまでもない。ただし，ホテルはそれぞれ独立の経営者で運営されるため，その利害調整は簡単ではない。それぞれが，自らの意思でホテル経営を行った結果，観光地としての統一感のないホテルが立ち並ぶ観光地もある。

　このような観光地全体をあげた取り組みは数多くある。新潟県大和町では，地元旅館に滞在しながら人間ドッグ，漢方と健康料理，憩（郷土料理と酒），有機栽培で作った食の4つをメインテーマにした「健康やまとぴあ」という取り組みを行っている。これには，地元の医療機関が全面協力することは健康という同化ポイントを消費者に連想させるし，それに健康料理をベースとした食事の提供と宿泊というエッセンスは差別化ポイントになろう。

　また，伊勢市ではバリアフリー観光で観光地ブランドの構築に努めている。それに伴って，平成23年度に伊勢市バリアフリー観光向上事業が実施され，多

くのホテルがその事業の下でよりバリアフリーに対応できるように施設の改修事業を行った。また，北九州市門司港地区では地域再生のシンボルとして門司港ホテルを1998年に開業した。門司港ホテルは，イタリアの建築家アルド・ロッシによって設計された。設計のテーマは門と鯱であり，門司のイメージに合うように工夫された。今では門司レトロ地区のシンボルの1つとして存在している。

　ホテルを代表とする宿泊施設は，観光地ブランド形成に様々な影響を与える。こうしたブランド・マネジメントに関するものだけでなく，ホテルの経営者が地域の観光協会，地域活性化の取り組みに関する活動で中心的なプレーヤーであることも多い。ホテルは観光地ブランドの強化に貢献するために，ホテル単独でのブランド強化だけでなく，地域と協力したブランド形成も求められる。

（竹田明弘）

第20章
観光地ブランドと地域づくり

1．本章の立場

　本章では「観光地ブランド」と「地域づくり」の関係性を論じるが，筆者の基本的立場は，前者は後者の結果としてもたらされる，というものである。論述の前に，両者に対する筆者の捉え方を示しておきたい。

　まず，本章で扱う「観光地」は，観光の目的地となる「地域」である。したがって，ここでいう「観光地ブランド」とは「地域ブランド」の1種である。佐々木（2011）は「地域ブランド」を，特産物（またはサービス）や文化・環境などの「個別ブランド」と，これらを一体に束ねる「統合ブランド」から成り立つものと捉えているが，本章では後者，すなわち地域全体のイメージのブランドとして「観光地ブランド」を捉える。

　観光地ブランドを有する地域は，知名度があり，多くの人々に観光の目的地として選択されることは間違いない。しかしここでは，単に一定の知名度があるだけでなく，訪れた人々の多くに「何度も訪れたい」と支持される地域こそ，観光地ブランドを有するものと捉えたい。

　次に「地域づくり」であるが，地域は自然・人工を問わず様々な要素から成る空間を有し，その上で多種多様な活動や行為が繰り広げられる。地域には時間の蓄積があり，歴史の中で固有の文化が育まれてきた。そうした地域の文脈に根ざしながら，人々の暮らす物的・社会的環境の向上をめざす取り組みを，本章では「地域づくり」とよぶ。さらに重要な点として，第1に，地域環境を総体として向上させようとする取り組みである点，第2に，その能動的な主体として市民・住民を想定する，という2点を加えておきたい。

　さて，ある地域が人々に「何度も訪れたい」と支持されるのは，そこで質の

高い豊かな体験が享受されるからである。そのような体験は地域環境の総体のありように起因するのであり、長い時間をかけた「地域づくり」の所産である。

2．景観・町並みの保全・活用と観光地ブランド

(1) 地域イメージの拠り所としての景観

地域環境の質を反映し、訪れた人々の印象を左右するのが景観である。良好な景観は、2004年に制定された景観法に「地域の自然、歴史、文化等と人々の生活、経済活動等との調和により形成されるもの」(第2条)と謳われるように、いわばバランスのとれた地域づくりの現れであるともいえる。

景観の質は、単に建物の外観や色、高さを揃えることで確保されるわけではない。看板や陳列品が賑わいを演出する商業地や、手入れされた植木や生活用具が置かれた路地の景観のように、地域の暮らしぶりを表出する「生活景」もある。土地の起伏や緑、道の幅員と線形、視界に入る周辺要素との関係も、景観を特徴づける。さらに、景観の特色の下地として、空間形成の履歴がある。

欧州の旧市街地では、街並みに調和した現代建築や、デザインの洗練されたトラムがまちに新しい息吹を与えている。既存の良いものは残し、時に新しいものを取り入れながら、地域の文脈に即した景観形成を図ることが重要である。

景観法のもとで景観行政を担う自治体（景観行政団体）は、地域の景観の個性を見極めた上で、地域にあった規制・保全措置を取り入れた景観計画を策定し、主体的な施策を行うことが求められる。しかし地域の景観の個性や価値は、何より市民・住民が認識し、それを育む意識を高めることが肝心であり、地域の気運醸成の成否が、持続的な景観形成を左右するともいえる。

(2) 景観・町並み保全の歩みが示すもの

地域にとっての景観の価値は、すでに戦前から認識されていた。明治中期以降、古社寺や史蹟・名勝等の保存を図る法制度が整備される一方で、「保勝会」とよばれる民間の保存顕彰団体が各地に設立された。1919年に都市計画法（旧法）と市街地建築物法が成立し、緑や街並みを守る風致地区・美観地区の仕組

みが整うと，官民の専門家を中心に「都市美運動」が展開され，市民への啓蒙と実践が行われた。また利用と保護の葛藤を孕みながらも，国立公園や風致地区，文化財の指定など，自然風景地を中心とした保全措置が講じられた。

　景観に価値を置いた地域づくりは，戦後の復興期から高度経済成長期に至り，全体としては影響力を弱める。一方で，1966年には京都・奈良・鎌倉などの歴史的風土を守るための古都保存法が成立し，その後，倉敷市や金沢市などでは，町並み保存のための条例が制定される。妻籠宿（長野県南木曽町）では，地域の衰退が進む中で，町並み保存と観光開発のあり方が議論され，1971年に「売らない・貸さない・こわさない」の三原則を柱とする住民憲章が定められる。

　やがて1975年の文化財保護法改正により伝統的建造物群保存地区（伝建地区）制度が誕生する。市町村を主体とする同制度のもとでは，行政と住民が手を携え，住み続けながら町並みを守るための地域づくりが進められることになる。

　1970年代以降は，京都市で一般市街地も対象とした市街地景観整備条例（1972年）が制定され，横浜市では先駆的な都市デザイン行政により，良質な都市空間を創出する取り組みが進められた。神戸市都市景観条例（1978年）は，自治体の景観条例のモデルとなり，90年代にかけて各地に広まっていった。2004年の景観法は，こうした地域主導の取り組みの延長線上にもたらされた。

　景観法は，一方で観光立国の推進とも足並みを揃える形で成立した。先に挙げた例に限らず，景観・町並み保全の「先進地域」の多くは，ブランド力を持つ成熟した観光地としても成立しているが，その背後に，市民・住民の意識醸成や参加に根ざした地域づくりの実践があることを見逃してはならない。

3．多様な地域資源の継承と活用

(1)　地域を個性化する近代の遺産

　地域の近代化や産業の発展に関わる建築物や土木構造物などを「近代化遺産」（文化庁）や「近代化産業遺産」（経済産業省）などとして価値づけ，保全する取り組みが普及している。近代の地域の歩みを伝える建築物や構造物は，風格

ある佇まいやレトロな意匠が人気を集め，観光資源としても着目されているが，これらは現役で使われ，新たな用途で再利用されているものも多く，使い続けることでより価値が高まる遺産であるともいえる。1996年に設立された登録文化財制度は，届出により強制力のない形で保護を図る制度であり，活用を前提とした建築物等の保全に重要な役割を果たしている。

　近代の遺産を保全・活用した先進事例として，住民運動により残され，多くの観光客が訪れる小樽運河と倉庫群，明治期の銀行建築をガラス工芸の拠点として再生した黒壁スクエア（滋賀県長浜市），赤煉瓦倉庫や線路敷・ドック等の港湾遺産を残しながら個性的な開発が行われた横浜市のみなとみらい地区などが挙げられるが，いずれも遺産の価値を，地域全体に波及させた例である。

(2) 体験の場としての地域資源

　歴史的建造物を活用する際には，古い建物の構造や素材を活かしながら，新しい感覚の飲食・商業空間等にリノベーションする例が増えているが，そうした空間が人気をよぶのは，訪れる人々が新鮮な体験を享受できるからであろう。

　地域の歴史的空間や自然環境にアートを取り込むことで，地域資源の捉え方を刷新し，新たな価値を付与している例もある。香川県の直島や，広大な中山間地域を舞台に国際芸術祭が開催される新潟県の妻有地域などでは，古民家や棚田などが作品の１部となり，地域空間全体がアートの舞台として体験される。

　一方で，グリーン・ツーリズムやブルー・ツーリズムのような，地域の生業を体験しながら，地元の人々との交流を楽しむ観光スタイルも普及している。これらは過疎地域の農業支援，漁業の活性化など，衰退地域の再生手法として期待されているが，近年は製造業・ものづくりをテーマにした産業観光も着目され，地場産業の体験プログラムが用意されている例もある。こうした体験においても，地域の歴史的資源や自然環境は重要な役割を果たしている。

(3) 「文化的景観」を受け継ぐことの意味

　2004年の文化財保護法改正により，地域の人々の生活や生業とともに培われた景観地である「文化的景観」が文化財の範疇に加えられた。ヨシ産業と内水面漁業に根ざした近江八幡の水郷景観を皮切りに，棚田や段々畑などの希少な

農山村景観をはじめ，近年では都市の生業に関わる景観も含め，2012年9月の時点で34件が「重要文化的景観」として選定されている。

　文化的景観の保全は，それを成立させている地域の生業・生活が，景観の特質を受け継ぐ形で維持されることが前提となる。中山間地の農山村等においては，重要文化的景観への選定を機に，地域の生業の価値を再確認し，魅力ある地域づくりを促すことが期待されているが，地域が育んだ文化的景観を守り，活かすことは，地域の生活文化を受け継ぐことと表裏一体なのである。

4．生活者が創る観光

(1) まち歩きと地域へのまなざし

　東京・上野の北側に広がる谷中・根津・千駄木，通称「谷根千」地域では，毎週多くの観光客が歩く姿を目にすることができる。そこには目玉になるような特別な観光対象があるわけではない。下町情緒あふれる商店街をはじめ，多くの寺社や戦災を免れた歴史的建築物などが点在し，それらが路地や細道，坂道や階段などでつながり，豊かな回遊性がもたらされている。加えて，それらを地域資源として守り，活かしながら，豊かに暮らしていこうとするまちづくりの取り組みが，来訪者にとっても魅力的な界隈をもたらしている。

　地域資源はどんなまちにも潜在しているが，まずはそこで暮らす市民や住民がその価値を認識することが重要である。城下町の町並みをはじめ豊富な歴史的資源を有する山口県萩市では，まち全体を屋根のない博物館として捉える「萩まちじゅう博物館」構想を掲げ，それを市民有志によるNPOが運営することで，市民の愛着を育みながら，まち歩き観光を推進している。

　まち歩きをテーマにした博覧会として話題となった2006年の「長崎さるく博」も，市民自らが地域資源を再認識することから始められた。その結果，42もの多様なコースがつくられ，それを延べ395名もの市民ガイドが案内する，新しい観光スタイルが生み出された。「長崎さるく」は博覧会終了後も観光プログラムとして続けられているが，市民自身がまちへの愛着や誇りを取り戻したこ

との意味は大きい。そのことが、さらなる地域づくりの原動力となる。

(2) 生活者との交流

普段は見られない、あるいは気づかないような場所に案内してもらえるのも、地元の人々によるガイドツアーならではの魅力であるが、近年は個人や民間団体が所有する建物や敷地の一部を公開する取り組みも広がりを見せている。

長野県小布施町は、民官協働による町並み修景事業などの先駆的なまちづくりで知られるが、ここでは所有者の感性で磨かれ、手入れの行き届いた自宅の庭を観光客に公開する「オープンガーデン」が実施されている。重伝建地区を含む佐原の町並み（千葉県香取市）では、年に1度「建物特別公開」が実施され、歴史的建築物の価値を住民と来訪者が共有する機会を提供している。

生活感のある町並みを大切に受け継いできた豊田市足助町では、2011年に愛知県内初の重伝建地区に選定されるのを機に、単に観光客向けの店舗が増えるのではなく、まちが生活の場として維持されながら、来訪者と住民との交流が育まれるような将来像が描かれた。それを実現する1つの試みとして、町家等の生活空間の一部を公開し、住民自身が案内する社会実験「あすけうちめぐり」が2010年に行われた。観光客から好評を得るとともに、住民にも肯定的に受け止められ、規模を縮小しながらも年1度のイベントとして継続されている。

いわば普段着でありながらも磨かれた生活空間を案内する試みは、観光業や商業に直接携わらない住民が、観光客との交流を通じて、そこで暮らすことの価値を再認識する契機となる。地域活性化のキーワードとして「交流」が唱えられるようになって久しいが、単に「観光客数」を「交流人口」と読み替えるような表層的な次元ではなく、住民・市民と来訪者との本物のコミュニケーションを育むことが、地域を舞台とした持続的な観光につながるといえよう。

5. 新たな協働体制の構築

ここまでに挙げた事例は近年着目される「着地型観光」の1種といえるが、こうした観光のためには、商業のあり方も重要であるが、観光客を迎え入れる空間の質や関係性を決める建築・都市計画、自然環境を含む歴史的・文化的資

源や景観の保全が，相互に関連しながら進められる必要がある。

　地域づくりを第1に推進するのは行政であるが，担当部署間の「縦割り」は，国・地方を問わず批判の的となってきた。この点で，2008年に成立した歴史まちづくり法は，文部科学省（文化庁），農林水産省，国土交通省の共管の法律として着目される。これは国指定文化財等を活かした総合的な「歴史まちづくり」を支援するものであるが，市町村が計画を策定し，国の認定を受けて事業等を進める上では，庁内部局を横につなぐ体制も重要である。

　行政内部の連携に加え，市民・民間団体との協働，さらに専門家や学識者を加えた官・民・学の連携体制は，地域づくりを進める上での基本的な枠組みといえる。協議会という形で議論のプラットフォームが用意される例が一般化しているが，議論の場とともに，具体的な事業・取り組みを進める仕組みを確保する必要がある。例えば石見銀山（島根県大田市）では，世界遺産登録に際し，官民を挙げた「石見銀山協働会議」を設立して議論を重ね，行動計画を策定したが，その後は同名のNPOを発足させ，市民団体等の活動を支援している。

　行政と民間が出資して1988年に設立された株式会社黒壁は，事業主体としてまちづくりを推進する「まちづくり会社」の草分け的存在であるが，長浜では黒壁とグループ店舗を中心に，行政，商工会議所，NPO，商店街，市民組織が連携しながら，歴史的建物の活用等によりまち全体の質を高め，年間200万人が訪れる観光都市へと成長させた。2012年の中心市街地活性化基本計画では，市民と来街者の交流拠点の創出，住環境の向上などの目標を掲げ，新たなまちづくり会社を推進体制に加えながら，タウンマネジメントを深化させている。

　相応しい体制のあり方は地域によって異なるが，官・民の既存組織をベースに，開かれた議論と情報交換を促すプラットフォーム，柔軟性と機動力のある実働組織，それらをマネジメントする主体を，統合的に育んでいく必要がある。

6．おわりに：「観光地ブランド」から「地域ブランド」へ

　本章では，観光客の多様な体験を通じて醸成される地域イメージが観光地ブランドにつながるという視点のもと，そのための「地域づくり」のあり方につ

いて論じてきた。魅力的な観光地である以前に，住み心地の良い「生活地」として成立している地域では，観光業や商業に直接関わりのない生活者が，来訪者の体験の中で重要な役割を果たす。人々が生き生きと暮らす地域環境が維持されるならば，地域に根ざした観光もまた持続可能であるといえよう。第一級の観光地となった由布院の歩みは，そのことを明瞭に示している。

　生活地としての魅力を放つ地域ならば，そこを訪れる観光客は，リピーターを経て定期的な滞在者，さらには定住者へと変化していくかもしれない。「何度も訪れたい地域」が「住んでみたい地域」へと進化した時，「観光地ブランド」の先には，真の「地域ブランド」の確立を描くことができよう。

（永瀬節治）

第21章
食料・農業と地域ブランド

　今,食料自給率の向上や食の安全・安心の確保に対する期待が高まる中,「食」を産出する基ともいうべき国内の「農（農業・農村）」に対する関心がかつてなく拡がっている。そのような背景のもとで,「交流」をキーワードとする新しいツーリズム（グリーン・ツーリズム）が,全国各地の農村を舞台として豊かに展開している。そこで農村を訪れる都市住民の多くが期待するのは,対価さえ支払えば全国どこででも入手できるものではない。その地域にわざわざ足を運ばなければ享受することのできない固有の風景や産品,食事や各種の体験,そして地域の人々との出会いである。例えば,都市農村交流の結節点としての役割が期待される農産物直売所では,一般に「リピーター（週1回以上利用者）」と称する反復的利用者が形成されており,彼らがそこにしかない地域ブランドの価値を認め,支える姿が見受けられる。

　以下では,食料・農業を取り巻く問題状況やその下での都市農村関係の変化を確認し,日本型グリーン・ツーリズムの一形態である農産物直売所を事例として,地域ブランドの構築・管理・展開の可能性について検討したい。

1. 食料・農業をめぐる今日的問題と都市農村関係

　日本の2010年度の食料自給率は,供給熱量（カロリー）ベースで39％。諸外国のそれ（2007年度カロリーベース）をみると,オーストラリア173％,カナダ168％をはじめ,アメリカやフランスがともに100％を大きく上回っており,日本は主要先進国の最低水準にある。また,世界の農産物貿易の中で,輸入額（567億ドル）から輸出額（27億ドル）を差し引いた日本の2010年の農産物純輸入額は539億ドルと非常に多く,世界最大の農産物純輸入国として2位以下を大き

く引き離している。しかも，輸入相手国をみると。輸入額ベースでアメリカ27％，ASEAN（東南アジア諸国連合）15％，EU15％，中国11％，オーストラリア8％，カナダ6％と上位6カ国・地域が8割を占めることが特徴である。

農産物輸入を特定国に依存した場合，当該国での異常気象による凶作，輸出禁止措置などにより，食料需給はたちまち大きな影響を受ける。ましてや，世界の食料需給は，①地球温暖化や世界的な異常気象による耕境の後退，②人口増加に伴う需要増大，③途上国における食生活の変化に伴う飼料穀物への需要増大，④代替エネルギーとしてのバイオエタノールへの転換などを背景として構造的なひっ迫が予想されている。日本が自国の農業生産の持続的発展を基本とし，食料の安定供給を確保することが真の国際貢献と考える。

一方で，国際化圧力が高まるなか，農産物価格や農業所得が低迷し，かつ労働力や土地など農業の基礎資源の縮減が進行している国内地域農業の現状は深刻である。多くの農村地域では過疎化の波に直面し，「限界集落」問題に直面している。さらに，山林の荒廃や耕作放棄地・放任園が増加するもとで自然災害や鳥獣被害も後を絶たず，農村地域の衰退を一層加速している。人口減少社会に突入した今，農村地域に居住する農家や住民だけでは地域を維持・管理することが困難となりつつある。

しかし，農村をとりまく危機的状況が進展する一方で，食料供給の国際化が進展するもとで増幅した食の安全・安心に対する不安や，食の「簡便化・外部化（外食・中食への過度の依存）」が進展するもとで拡がった「食」と「農」との乖離（農業・農村への関心の欠落）の解決を模索する多様な取り組みとして，地産地消，スローフード，ロハス（Lifestyles Of Health And Sustainability）などへの関心が拡がっている。

地産地消の代表的取り組みである農産物直売所は，数多くのリピーター層に根強く支えられながら"顔のみえる"流通を媒介とした都市と農村との交流拠点として全国的に成長している。1970年代に拡がった生協産直に代表される産消提携運動も，スーパー主導による小売再編の過程で産地偽装等の大きな試練に立たされたが，現在も地道な努力を継続しながら，都市と農村との「交流・

連携・協働」推進の重要な一翼を担っている。さらに学校教育の現場でも，学校給食における地場産食材の導入など食育推進の気運が高まるほか，「教育ファーム」や「子ども農山漁村交流プロジェクト」など各省庁が独自または連携して推進する体験型教育の機会が増加しており，参加児童はもちろん受入側（農村）や参加側（学校教育現場）の関係者に様々な波及効果を拡げつつある。

　また，都市域において農空間に求められる役割（食料供給，景観形成，防災等）や持続的な循環型社会を構築する上で不可欠な農業の役割が浮き彫りになりつつあることも重要である。そして，これらの動きに呼応するように，農村固有の地域資源（自然・食・文化・伝統・慣習）に価値を見出し，農村での暮らしに関心を寄せる都市住民が，団塊世代のみならず若年世代にまで拡がっている。

　一方，農村の側でも，少子高齢化に伴う諸問題が顕在化しつつあるもとで，外部依存では決して解決しない地域の自立や主体形成の重要性を学び，都市側（住民・企業など）の力を活用して地域再生を図ることの有効性に気づき始めた。例えば，都市に近接する農業・農村では，「宅地並み課税」の撤廃など都市農業の持続的な発展を目指した運動を通じて，市民農園への農地提供，朝市・直売所での農産物販売，学校給食への地場産食材の供給や農業祭への参加など，農業・農村に対する都市住民の理解醸成活動をはじめ食育視点に立った広範な都市との連携を模索している。中山間地域の農業・農村においても，高度経済成長期に「三ちゃん（農業）」と称され，農村に残された"脆弱な"農業の担い手の象徴とされた農家の女性や高齢者が，いま加工・直売から着地型の農村ビジネスなど農業・農村の多角的事業展開の中核的な担い手として活動の幅を拡げている。近年では，農家・農村レストランの開設，棚田・果樹園等のオーナー制度の実施，体験教育旅行の受け皿としての農家民泊の導入，週末田舎暮らし志向に対応した滞在型市民農園の開設，農村への移住促進の契機となる日本型ワーキングホリデーの導入など都市との様々な「交流・連携・協働」の取り組みを通じて，農家女性や高齢者が農村の"元気"を代表する存在となっている地域も少なくない。さらに，農業・農村に対して向けられる都市からの"まなざし（第三者の目線）"を通して，農村の住民が日常生活の中に潜む豊かな地

域資源の価値に気づいたり，高度経済成長の過程で喪われつつあるふるさとへの愛着や誇りを取り戻す契機となっていることも重要であろう。

2．日本型グリーン・ツーリズムと農産物直売所

このように，都市と農村双方の動きが軌を一にしつつあるもとで，まさに"共生・対流"とよぶに相応しい新たな農村再生の可能性が拡がっている。そして，その推進力としての役割を期待されているのが，「グリーン・ツーリズム（以下，GTと略記）」と称する都市農村交流のあり方である。GTは，「緑豊かな農山漁村地域において，その自然，文化，人々との交流を楽しむ滞在型の余暇活動」（農林水産省「グリーン・ツーリズム研究会・中間報告」1992年）と定義されている。エコ・ツーリズムと並ぶ「オルタナティブ・ツーリズム（マス・ツーリズムに代わるもう１つの観光形態）」の一形態であるが，ともに地域との繋がり（交流）をテーマとする点で，従来のマス・ツーリズムとは一線を画するものである。

元来，GTは長期間にわたる年次有給休暇制度が市民的権利として確立していることを背景に，農村にゆっくりと滞在しバカンスを楽しむといった余暇の過ごし方が一般化している西欧諸国で普及した旅のスタイルである。しかし，有給休暇の取得が充分に制度化されていない日本においても，徐々にではあるがその考え方が認知されつつある。見方を変えれば，日本の農村には小規模複合経営の農家が多く，「結」などの伝統的な村落共同体の相互扶助的な精神も多様に受け継がれていることから，農業生産活動においては条件不利とされる中山間地域の固有性（自然景観や地域資源の豊かさ，高齢者が有する生活の知恵や集落内での人々の深い繋がりなど）は，個性豊かな多様なGTを展開する上での優位性とみることも可能である。長期にわたる滞在は難しいとはいえ，「リピーター」など反復的滞在を特徴とする都市の人々と共に，小規模ではあるが心の通いあう交流（地域との繋がり）を実現しようとする点こそが，日本型GTの特徴であろう。以下では，都市住民が農業・農村に接近する際に最も馴染みやすい交流形態の１つである農産物直売所について考えてみたい。

1970年代に，無人市あるいは定期市として開催され始めた農産物直売所（以

下，直売所）は，近年の食の安全・安心への期待の高まりを受けて，生産者の"顔がみえる"流通を実現するものとして全国的に右肩上がりで成長を遂げている。とりわけ，諸外国のそれと比較して特徴的なことは，農協直営型あるいは「道の駅」併設型に象徴されるような常設の大規模直売所が増加している点である。生産者個人またはグループが運営主体である小規模直売所の場合は，金銭の授受も生産者自身が交代で担当するのが通常であるため，生産者と消費者との交流機会は自ずと確保されていることが多い。一方で，大規模直売所の場合には，一般に生産者が直売所に足を運ぶのは早朝の出荷時と夕方の引き取り時のみであるため，直売所において生産者と消費者とが直接触れ合う機会は極めて少ない。しかし近年では，多くの大規模直売所でPOSレジと連動した「音声応答システム（後述）」が導入されており，それは生産者の営農意欲向上に寄与するのみならず，追加搬入のために直売所を訪れた生産者に消費者と直接交流する機会を提供している。さらに，直売所の大型化に伴う交流希薄化への対策として，直売所出荷者が農作業体験を受け入れるなどの取り組みも進みつつある。また近年，地元食材を活用したレストラン（あるいはイートイン）の併設，食育イベントの実施や農業体験希望者の受け入れなど，多角的な事業展開を図る直売所も増え始めている。

　当初，直売所には，規格外品の販路（現金収入）確保，高齢者・女性の経営内での地位向上，自給的農家の販売農家の増加など，営農意欲の向上やその結果としての潜在的生産力の底上げという点で地域農業活性化への貢献が期待された。これに対して，各地での地道な取り組みは一定の成果をあげつつあるが，直売所に期待すべきことはそれにとどまらない。今，農業や農村に関心はあるが，何から始めてよいのか分からないという都市部の消費者が増えている。直売所には"顔がみえる"流通（モノを売り買いする関係）から一歩進んだ，都市農村交流（ヒトとヒトとの関係）へと誘う"前線基地"としての役割が期待されているといえよう。

3．農産物直売所における地域ブランドの構築・管理・展開可能性
―JA紀の里ファーマーズマーケット「めっけもん広場」を事例に―

　食料・農業における地域ブランドへの期待は，1つには安価な輸入農産物が急増するもとでの国内農産物価格の低位収斂化（農業所得の低下）を解消するための生産者側の主要な方策として，もう1つには食生活の多様化や食の安全・安心を確保したいとする消費者側の対応として，拡がりをみせている。直売所は，それら生産者・消費者双方からの思いがマッチングする場として重要な役割を果たしている。以下では，農協直営型直売所として日本最大の販売実績をもつファーマーズ・マーケットJA紀の里「めっけもん広場」（和歌山県紀の川市）を事例に，地域ブランドの構築・管理・展開可能性について検討したい。

(1)　「地産地消」へのこだわりと地域ブランドの構築

　「めっけもん広場」は，農協管内の複数直売所を統合して2000年に開設された常設型直売所で，年間販売額は全国第1位の28.4億円（2010年度）を誇る。直売所が位置する紀の川市は，県北部の紀の川流域にあり，車では和歌山市へ約30分，関西国際空港（大阪府泉佐野市）へも約40分とアクセスにも恵まれた都市近郊農業地域である。管内の総農家数5,800戸のうち販売農家（経営耕地面積30a以上，または年間農産物販売額50万円以上）が75％で，うち専業農家は33％，第1種兼業農家が24％，第2種兼業農家が43％を占めている。管内には，全国有数の産出額を誇るカキ・モモをはじめ多品目の果樹産地を擁するほか，温暖な気候条件を活かした施設野菜・花き類も周年的に栽培されている。

　「めっけもん広場」は，売場面積約1,000m^2，収容駐車台数が約150台と大規模直売所であることから，1日平均の利用者数は約2,600人（年間約80万人）に及ぶ。集客圏をみると，地元市が約40％，残りは大阪府や近隣市町から片道1時間程度をかけてマイカーで訪れるリピーター（週1回以上利用者）が60％近くを占める。各種調査でも指摘されているように，これらの利用者が直売所に期待することは「鮮度感・安心感・値頃感」であるとされている。自らが産地に赴き，手に取ってこれらを確認・納得することができる「顔のみえる」農産物にこそ，地域ブランドとしての価値を認めているのである。

現在,「めっけもん広場」で販売される農産物の約80％は,管内の生産者（2010年度登録出荷者：1,985名／常時出荷者：1,415名）が生産した地場産品で品揃えが確保されている。この規模の大型直売所の中では際立って高い地場産比率が実現されているのは,「顔の見える」流通に対する消費者の期待に応えるべく可能な限り地元生産（「地産地消」）にこだわることで地域ブランドの構築に取り組んできた農協の営農指導活動（生産者の意識改革）の成果である。当初,直売所への出荷を「規格外品の販路」あるいは「現金収入の場」としてしか位置づけていなかった生産者が,「自ら価格決定できる」ことの喜びや「自らの農産物をどのような消費者が購入してくれているのか分かった」などの経験を通して,消費者が期待する作目を新規導入するなど生産意欲を高め,自給農家が販売農家に転化するなどの変化が生じていることがその証左である。

(2) 直売所運営の特徴と地域ブランドの管理

「めっけもん広場」が先駆けて導入し,全国各地の直売所に拡がったものにPOSレジと連動した「音声応答システム」がある。これは,売上情報をリアルタイムで生産者に提供することを目的に導入されたもので,生産者はその日の出荷物の販売量を携帯端末で確認し,販売動向次第では追加搬入することが可能となる。結果として,販売機会の喪失防止効果（生産者）,品揃えの充足効果（直売所）,さらには追加搬入の際における生産者と消費者との交流機会を創出していることから,直売所における地域ブランドの存続・管理面において重要な役割を果たしているとみることができる。

また,JA直営の直売所の場合には,当日の売れ残り品に関して,夕方には生産者自身での「引き取り」の実施を義務付けている。一方で,生産者の販売リスクを回避する（出荷者の便宜を図り品揃えを確保する）ために,売れ残り品は値下げをして当日中に販売する,あるいはそのまま直売所に留め置いて翌日も販売するなどの運営方針を掲げる直売所も少なくない。「めっけもん広場」では,早朝より出荷者が搬入する農産物で,空になっていた販売棚が余すところなく埋め尽くされていく毎朝の光景は圧巻であるが,「引き取り」の実施を通じて,地域農業のアンテナショップとして「鮮度感・安心感」への期待に真

面目に応えることが，直売所における地域ブランドの保護に繋がっているのである。

(3) 地域再生，都市農村交流拠点としての役割と地域ブランドの展開可能性

「めっけもん広場」では，旬の生鮮農産物はもちろんのこと，様々な農産加工品も多数品揃えされているが，農商工連携による「6次産業化」の成果として登場した地元特産加工品（地元産黒大豆を素材に地元食品加工業者が開発した菓子など）にも注目が集まっている。その結果，地元商工業者の中で，「めっけもん広場」ブランドを冠した新商品開発意欲が高まっていることは，直売所が地域再生拠点として一定の役割を果たし得ることを示している。

また，「めっけもん広場」について，近年最も注目される動きは，出荷登録農家の中から消費者との交流事業に力を注ぐ組織（「体験農業部会」）が2003年に誕生したことである。「体験農業部会」は，①地域の豊かな自然に触れてもらう，②地域の農業と農家を知ってもらう，③食料生産の役割だけでない，農業の魅力を体験してもらう，の3つを部会の理念として活動しており，2012年現在の部会員数は19名（うち団体4含む）である。消費者の受入数は年々伸びてきており，2011年度の実績は年間約2,300名に及んでいる。主な体験内容として，「田植え」「稲刈り」「サツマイモ掘り」など農協が提供する企画プログラムのほか，特産の果実を収穫・加工する体験などがある。いずれの場合にも単発的ではない交流とするべく工夫した取り組みが行われていることから，プログラムによっては60％近いリピーター率を誇るものもある。なお，2012年度には，これら消費者との交流をより深めることを目的として，農家民泊の導入に向けた検討を組織内で開始している。

これらの取り組みは，生産者と消費者の双方に変化をもたらしている。消費者は，農作業の体験を通じて「食」の土台を身近に感じるとともに，直売所での「顔のみえる」関係を一歩進めて，農村での暮らしや地域農業全体に対するブランド価値を認めるようになる。また，生産者にとっても，交流を通じた"気づき"によって，農業・農村の価値を再確認する格好の機会となっている。

(藤田武弘)

第22章
環境責任とブランディング

1. 環境責任という考え

　地質学上，現代は「完新世」(Holocene) とされるが，その中でも産業革命以来，文明社会の環境への影響が顕著になった時期を「アントロポセン」(Anthropocene) とする考えがある。「人新世」「人間世」，「人間中心世」または，「人類の時代」などと訳されるこの言葉は，1995年ノーベル科学賞受賞者，オランダ人大気化学者パウル・クルッツェン (Cruzten, P.) が，2000年にアメリカ人生態学者ユージーン・ストーマー (Stoermer, E.) の共著で提唱し，広く普及させた。この考えによれば，文明の環境への影響は，化石燃料の利用，そして特に18世紀の産業革命以来顕著となり，今や環境問題を文明社会の影響から切り離して考えることはできない。現代における最大の環境問題，気候変動も自然現象でなく，人為的なもの，すなわち，このアントロポセンの時代がもたらした問題であることは，今や学術的にも実証されている。問題への対応は研究，政治，経済，また国際関係の優先事項となっているが，「環境にやさしい」選択は，個人それぞれの，そして全ての社会活動に求められる「責任」と意識されることが今，認識されなければならない。

2. 環境倫理の基本は地球有限論，世代間(世代内)公正，生態系倫理にある

　環境学の古典ともされるレイチェル・カーソンの「沈黙の春」(1962年) から50年，それを振り返ると人間の環境へのインパクトに関する議論は，「アントロポセン」が認識されるずっと以前からなされてきた。それは急激な発展と破壊を経た反省として特に60〜70年代に現れてくる。1972年の「国連人間環境

会議」に向けてイギリス人経済学者バーバラ・ワードとレネ・デュポスが「かけがえのない地球：この小さな星を守り，維持するために」という報告書を作成している。地球の資源は無限ではなく，人口増加，過剰消費は資源の枯渇につながる，ということは，ローマクラブの「成長の限界」でも提唱された (Meadows et al., 1972)。この「地球資源の有限性」という一見当たり前のコンセプトが，現代の環境理念の一大理念「持続性」の原点ともなっている。

　21世紀が「環境の世紀」とされるのは，これまでの環境破壊を受け，その対処，解決方法を見出していく課題を担っているのが今世紀という考えからだ。ブルントラント委員会による環境持続性の定義に盛り込まれた「将来世代のニーズを損なうことなく」という考えは，環境問題は時空を超えた，大規模，長期的な視点で見なければならないという認識に基づく。現在の地球環境問題は，開発による公害，汚染や森林破壊など，加害・被害，またその結果や対処法がある程度明らかな事例とは違い，因果関係がはっきりしないだけでなく，多数の要因が絡み合ってさらに複雑化している。また，現在の環境変化が今後どのような結果となるのかを予想することも難しい。そして，この「世代間公正」という考えには，未来は来年，来月，また明日から始まる，という緊急性がある。また，同時に，環境変化の影響をより強く受けがちな南諸国の経済発展，貧困撲滅，福祉，また社会内格差も含めての「世代内公正」も環境問題の一部である。

　文明の影響による環境変化を軽減し，できる限り本来あるべき状態に戻す努力は，現代・未来の人類のためだけではない。やはり70年代にノルウェー人哲学者アルネ・ネスによって提唱された「ディープエコロジー」では，すべての生命は人間の利益に関わらず，独立した価値を持つことが主張された。さらに以前アルド・レオポルドが提唱した「土地倫理」では，自然は人間が征服するものではなく「共同体」であり，人間もその「平凡な一員，一構成員」にすぎないと主張される。この「人間非中心主義」は，後にロドリック・ナッシュによる「自然の権利」(Nash, 1989) で明確化された。20分に1種の動物種が失われ，また，今世紀末には現在生存する種の50％が失われる「第6の絶滅期」と

もいわれる今日，生態系の，それを成す生物多様性の存続に対する責任は，生態系倫理論として展開してきた。

この「地球資源の有限性」，「世代間（世代内）公正」，そして「生態系倫理」という基本的原則に，環境問題は全地球的問題であり，その保全は「アンソロポセン」に生きる者全員の責任である，という大前提が加わったのが，今日における「環境責任」であるといえる。

3．環境責任の社会性

「環境を守る」考えは，その用語を見ても，動植物種の「保存」，開発や汚染からの「保護」，そして生態系全体の「保全」というように，私たちを取り囲む環境との関係はより包括的なものとなってきた。共生，持続可能な，地球にやさしい，という一連のことばが各分野で見られるように，地球環境への考慮はもはや単に個人の選択ではなく，人間の社会活動の基本であるとされるようになってきた。今日「企業の社会的責任」（CSR）で多くの企業が「環境責任」を掲げていることにも，環境の社会的意義付けが現れている。

中でもCO_2排出の影響を軽減，または，相殺する様々な考え，方策が作られている。例えばエコロジカル・フットプリント（環境に残す足跡）は，私たちのライフスタイルが，どれほどの地球資源（特に，水，枯渇型エネルギー源）を消費しているか（「地球何個分」を必要としているのか）を数値化し，それを少しでも軽減するためにそれぞれができることのガイドラインを示している。特に，気候変動をくい止める努力として，社会活動によって産出されるCO_2とその影響（カーボンフットプリント）を相殺して，プラスマイナスゼロ，という効果を狙う「カーボンオフセット」というコンセプトもある。家庭や企業で使う車，飛行機，ガス，電気から排出される年間CO_2を産出し，その吸収に必要な植林を行って炭素隔離をねらうというシステムで，それが「エコ」ビジネスともなっている。「カーボンニュートラル」や「グリーンフリート」などがそのような例であるが，「グリーンフリート」では，一本の木が一生に吸収する平均CO_2に基づき，排出量を相殺するための植林，維持にかかる経費を算出，例

えば、車1台の年間CO_2排出量を4.3トン、そのオフセット経費を60ドル(約4,800円)としている。このようなエコビジネスは、汚染者負担原則(PPP)、拡大生産者責任(EPR)といった基本理念から発展したもので、その根底にあるのは環境責任という基本理念である。

4. 観光における環境責任

では、観光における「環境責任」とはどのような例があるのか。環境責任という理念自体は、どのような観光にも通じるものであるが、ここでは特に自然環境における、「自然環境利用型の観光」に注目し、都市環境の事例は含まない。

観光における環境責任を考える場合、特に大切な点は、責任はリゾートやホテルなどのオペレーターだけでなく、消費者(訪問者)も含まれるという点である。野外活動の基本として、「取るのは写真だけ、残すのは足跡だけ」(Take only photograph, Leave only footprints)、つまり、自然を訪れた場合、そのインパクトは最小限に残す、というビジターのモラル、倫理観である。それは、ゴミを残さない、野生動物に危害を与えない(騒音、喫煙を含む)、植物を採らないなど、基本的なモラルとして、学校の野外学習等にも組み込まれる基本的理念でもある。

この基本的な法則を少し拡大して、ビジター、オペレーター、また、ステークホルダーに広く責任を喚起し、スポンサーとして責任表明するシステムを作っている団体がある。「Leave No Trace (LNT；足跡を残さない)」は、環境NGOとして、「自然環境での活動の7つの原則」を示している。7つの原則は、ハイキング、キャンプの他だけでなく、マウンテンバイク、ロッククライミング、シーカヤック、4WD、ラフティング、ウェールウォッチングなど様々なアウトドアの観光活動に応用されている。常識的な基本原則だが、LNTでは、この「足跡を残さない配慮」は、ビジター、オペレーターだけでなく、アウトドア活動に関係する全てのステークホルダーであるとしている。7つの原則は、ビジターが自然の中でどのように活動すべきかに関する「教育資料」であり、実行するのは各個人だが、それをよびかけるのはLNTという環境団体でなく、

政府公園・環境管理局，アウトドアメーカーやショップ，道路建設会社，ホテルなどの様々なステークホルダーであることが意義深い。そうすることにより，7つの原則は単にビジター個人のモラルを喚起するためのものではなく，自然利用型観光に関わる者全員の責任を認識するもの，いわば共有するミッションとなってくる。

　ここで興味深いのは，LNTのスポンサーであることがアウトドアメーカーや観光地のイメージアップにつながっていることだ。観光における環境責任で重要な点は，環境配慮の有無，明確さやその度合いを観光地や宿泊施設などの選択の条件とする考えが増えていることだ。環境への積極的取り組みや責任を観光地がミッションやポリシーとして明示，その活動を積極的に広報することで，それに賛同する人が訪れる，それが「環境にやさしい活動をした」という満足感となり，リピーターとなる，また，他の人に勧める，などのサイクルができる。これは1つの効果的なブランド化である。

　先の「カーボンフットプリント」をホテルやリゾート地に応用した例としてアースチェックやグリーンアースがある。これは，ホテルやリゾート地がどのように環境へのインパクトを軽減する努力をしているか，つまりそれぞれの「環境責任度」を評価するシステムである。その基準となるのは，エネルギー・水消費，それによるカーボンフットプリント，リサイクルシステム，建材，清掃用品や洗剤の質，野生動植物への配慮・保護，教育活動などで，カーボンフットプリントにはスタッフの通勤距離や方法も評価対象として含まれる。このようなシステムにより，観光は環境への影響の大きさを認識すると共に，その責任，対処方法の指針とすることができる。アースチェックの10は，環境責任における「ミシュランの三つ星」であるともいえ，そのブランド価値が環境を考える現代人にとって魅力的なものであることは確実である。

5．環境責任ある観光地：オーストラリアの例から

　では，ここで多様な「環境責任」が見られる観光地の事例を紹介したい。ここでは，特に「自然環境」が国全体のイメージとなっているオーストラリアを

例にあげ，その中でも自然環境が大きな観光資源となっている事例をいくつか挙げたい。オーストラリアが「自然の豊かな」国であることは，19カ所ある世界遺産のうち，12カ所が自然遺産（文化3，複合4），都市部の観光ももちろんあるが，国内外から共に「自然体験」を第一目的とする観光者が3割を超えていることからも観光の経済効果は大きいことがわかる。

オーストラリアは南半球に位置する最大の「島」とされるが，日本の21倍にも及ぶ面積は「大陸」といった方が適している。実際古代にはゴンドワナ超大陸の一部であり，その名残としての地層，固有の動植物が特徴的である。国家の歴史としては1788年のキャプテンクックの上陸以来，イギリス領となり，今もイギリス連邦（コモンウェルス）の1国として，エリザベス2世を国家元首，各州にその代理としての総督が配属されている。オーストラリアの歴史は同時に先住民アボリジニの迫害の歴史でもある。市民権はもとより，入植の際「無人の地」（Terra Nullius（テラヌリウス）；無主地）とされた土地は，実は先住民に属する，つまり先住民はオーストラリア国土の伝統的所有者であるということが長年論争されてきた。この「伝統的土地所有権」（Native Title）が初めて法的に認められたのは1993年だったこと（マボ判決）を例にとっても，その歴史を振り返り，「書き直して行くこと」は，オーストラリアという国家に課された大きな課題である。このような「先住民倫理」は，オーストラリアでの自然環境保護思想に大きな影響を与えてきている。

オーストラリア全体で12カ所ある自然遺産の4カ所がクイーンズランド州にあるが，その1つに隣接するのが「ビナバラ森林ロッジ」である。ビナバラは1933年にアーサー・グルームによって山歩きの宿泊所として建てられ，以来「グルーム家」によって継承されてきた，エコロッジの老舗とされる。現在アースチェック評価の9点を獲得しており，その環境への取り組みが注目されている。熱帯雨林の森は，オーストラリア固有種の動植物の生息地となっており，各種トレッキングのほか，動植物に関するセミナー，ガイドツアーなど，教育活動に力を入れていることで，子供のグループや家族連れにも人気が高い。また，ボランティア活動も盛んで，ビナバラ友の会として各種自然保護活動に関わっ

ている。ゲストが自由に参加できる無料のセミナーやガイドウォークがあり，オーストラリア固有の動植物，その保全に興味を持つ人が世界中から訪れる。最近ではリサイクル，ソーラーや空冷システムなど，環境施設を紹介するガイドツアーも行われている。そのため，最近では家族や山歩きグループだけでなく，大学研究，研究者から企業まで利用者が広がってきている。自然環境保護を広く普及させてきたエコツーリズムの老舗であるが，同時に現代のニーズにも効果的に対応し，持続的発展を進めている例といえる。

　もう一例は，タスマニア政府による「ブランド・タスマニア」である。タスマニ・アブランドの定義，発掘，プロモーションの一連を担当する機関で，その分野は農水山林業，製造，エネルギー，教育，芸術，観光で，タスマニアの自然環境がいかに住む者，訪れる者にとって魅力的あり，その様々な産業が「環境配慮」という点で発展性のあるものであることを強調している。ブランド化されているものは主に農・海産物の質の高さ，安全性であるが，林業や資源利用においてもその「持続性」が強調されている。水力，波力，地熱，風力など自然エネルギーの利用は，雇用の増加も含めて州経済に貢献しているとされ，エネルギー再考，低カーボン社会への移行が叫ばれる今日，さらに注目されると考えられる。環境の良さ，その保全への実績は，観光や産業の質の向上はもちろん，地域住民の生活や教育環境の高さである。地域生活のブランド化が観光につながっている例である。

　タスマニアについて1つ興味深い点は，州政府のロゴにタスマニアタイガーが使われていることだ。サイラシンとよばれるこの固有種は，その毛皮の珍しい縞模様が珍重され狩猟の対象となった。また，19世紀には羊農園を守るという名目での「駆除」のため数が激減し，1936年に最後の個体が死亡，絶滅となった。タスマニアではまた，1960年代以来，水力発電，林業，後には紙パルプ原料としての森林資源の破壊が進み，それに抗議する環境保護活動が活発化した。その活動は1972年の，世界初の緑の党の誕生につながっている。また，南西部原生林地帯でのダム建設への反対運動は，世界遺産登録（1982年，タスマニア原生地域）に至った。現在のタスマニアは，環境研究，環境アート，環境フェ

スティバル，またコウハウジング・コミュニティーなど，環境の州とされている。最後の手つかずの自然ともされるタスマニア原生地域，その美と破壊から生まれた「環境運動の聖地」ともされるタスマニアでは，タスマニアタイガーの絶滅に象徴される歴史上の大きな過ちが教訓ともなった環境責任が，その魅力となっている。

6．今後の展望

「ホープフル・ツーリズム（hopeful tourism）」という，社会，環境正義をその基本理念とする研究が進んでいる。観光では，実体験を通じての環境理解，教育，意識変化だけでなく，観光地やオペレーターが環境責任を表明する，観光者がそれを選ぶことで社会に積極的な貢献をする，というリーダーシップをとることができる。自然の恵みの美しさ，豊かさ，それに対する感謝，畏敬の念などを表すこと，人間の創造性を重んじることも環境推進運動である。自然環境だけでなく，地域社会や文化の価値という地域の特性を認識し，その保全に努める，美しいもの，素晴らしいものを発見し，また人の心，思いやりや表現を，想像・想像力あふれる観点でプロモートできるのも観光だ。つまり，観光は地域の特性，環境，社会，精神という「三つのエコロジー」（Guattari, 1989）を推進することができるのだ。環境問題が今生きるもの全員の責任，というのは重い責務であるが，今日の「グリーン」また，「ブルー」ムーブメントは環境責任をより戦略的，スマート化，そしてブランド化している。「アントロポセン」という環境責任の時代に，観光が一端を担うことは十分に期待される。

（加藤久美）

第23章
観光地ブランドの評価

　本章では，観光地ブランドの評価について説明する。これまでの章において観光地におけるブランドの概念や重要性，戦略の内容などについては十分に理解できたと思われる。しかしながら観光地においてブランドマネジメントを展開する場合には，今後ますます計量分析の手法が必要とされる。なぜなら，測定できないものは管理が難しく，また評価が行われないと，その重要性を利害関係者がなかなか理解できないためである。本章では観光地ブランドの評価の特徴について説明した後，代表的な指標や評価方法を紹介し，最後に注意点や今後の課題について述べることにする。

1．観光地ブランドの評価とは

　ブランド力のある観光地とは，その観光地に対するイメージが良かったり，魅力があったり，観光客のリピート率が高いという側面を有する。その結果，競争優位性が発生し，ブランドの信頼性があるために他の観光地よりも高い価格設定をしても観光客が訪れることになる。このようなブランドの形成を多くの観光地が望んでいる。

　しかしながら，例えば京都市が有する観光地のブランドは神戸市のそれと比較して，どのくらい大きいのかといわれれば，単純に答えを出すことはできない。またその違いがわからなければ，ブランド価値を向上させるための効果的なマーケティングを行うことが困難となる。このように，それぞれの観光地の持っているブランド力を分析することが，観光に関する政策や戦略を実施する上でますます重要視されている。このような課題に対して，様々な調査が行われ，ブランドの評価に関する分析がなされてきた。

これまで観光地に対しブランドという名称を使用した調査は少ないが、魅力度（アメニティ）調査やイメージ調査という名称で様々な分析が行われている。その多くは観光客に対してアンケート調査を実施し、意識や行動などの結果をまとめたものである。調査対象や質問項目は各調査によって大きく異なる傾向にあるので、今のところ観光地ブランドの評価について確立した手法は存在しない。そこで次節では代表的なブランド調査結果について紹介する。

2．カントリー・ブランド・インデックス（Country Brand Index：CBI）

カントリー・ブランド・インデックス（CBI）は、フューチャーブランド社（FutureBrand）が2005年以来、毎年独自の調査に基づいて分析する国別のブランドの評価指標を意味する（対象118カ国）。CBIは多様な視点からそれぞれの国を評価し、具体的な結果として、総合指標と、価値観（value system）、生活の質(quality of life)、ビジネス環境(good for business)、歴史遺産と文化(heritage and culture)、観光（tourism）の各指標が公表されている。それぞれの各指標についてもさらに詳細な分類が行われ、観光部門については、コストパフォーマンス(value for money)、魅力(attractions)、リゾート地・宿泊施設の数(resort and lodging options)、食物（food）、買物（shopping）、海辺（beach）、夜の娯楽（nightlife）の7つの視点で評価が行われている。ただし、買物、海辺、夜の娯楽は観光部門の総合評価には含まれない。

2012-13年版の全部門の総合指標では、日本はスイス、カナダに次ぐ第3位に位置し、昨年よりも順位を1つあげた。また観光部門については、図表23-1のような結果となる。2012-13年版の観光部門全体では、日本は昨年の第1位よりも順位を下げているものの、イタリアに次ぐ第2位となっている。この理由として、魅力部門で第1位、食物部門で第3位、コストパフォーマンス部門で第6位と評価されたことが大きい。全体には反映されなかったものの、買物部門では第5位、夜の娯楽部門では第10位となっている。東日本大震災や長期的な景気低迷にもかかわらず、日本が高い順位を維持していることは観光地としてのブランド力の強さを表しているといえる。

図表23-1　2012-13年版CBIの観光部門のランキング結果

順位	国名	前年順位	パフォーマンスコスト	魅力	宿泊施設の数・リゾート地	食物	買物	海辺	夜の娯楽
1	イタリア	2	—	3	15	1	3	12	8
2	日本	1	6	1	—	3	5	—	10
3	フランス	5	—	4	14	2	2	13	3
4	スイス	6	10	5	2	7	—	—	—
5	アメリカ合衆国	4	5	2	—	—	1	5	1
6	カナダ	13	4	6	10	11	12	—	12
7	ドイツ	12	3	12	11	8	7	—	7
8	タイ	9	1	—	—	10	11	10	9
9	モーリシャス共和国	11	13	—	1	13	—	9	—
10	オーストラリア	8	7	10	7	—	—	1	5

（注）「—」は16位以下を示す。
（出所）FutureBrand（2012）より筆者作成。

CBIと類似の調査として，サイモン・アンホルト（Simon Anholt）とGfKローパー広報＆メディア社（GfK Roper Public Affairs & Media）による国家ブランド指数（Nation Brands Index™：NBI™）も存在する。NBI™も国家の能力を6つの次元（輸出，統治機構，文化，国民性，観光，移民・投資）から得点化したブランド指標である。また観光部門については自然の美しさ，歴史的建造物，文化財＝活力ある都市生活＝都市の魅力の3つの視点で評価が行われる。具体的な質問項目として，予算の制約がなければ，どのくらいの頻度でその国を訪れるか，さらにその国に行った場合，どのくらい精神的に満たされるか，または情熱的になるかなどが存在している。

NBI™は50カ国を対象とし，2011年の総合指標において，日本は前年と同様，第5位を維持した。上位3カ国はアメリカ，ドイツ，英国である。さらに観光部門においては2008年の調査において日本は第8位を記録している。

3．観光ブランド力調査

　観光ブランド力調査は，日本の観光統計において，唯一"ブランド"という名前の付いている調査である。本調査は博報堂(株)が中心となり，2003年10月に首都圏在住の18歳〜69歳の男女1,000人を対象にインターネットによるパネル調査から得られた結果をまとめたものである。全国から49カ所の観光地（調査地点）を選出し，各観光地に対して，以下の３つの視点から観光ブランド力を測定することを目的としている。

　　①ポジション…観光地の現在の相対的な位置づけを表すもの
　　②パーセプション…観光地の現在の受容のされ方を表すもの
　　③ポテンシャル…観光地の推定される集客力の強さを表すもの

　その中でも，ポテンシャルについては最終的には観光ブランド指数を算定することを目的としている。観光ブランド指数は，観光客が観光地を選択するときに重視すると思われる15項目の観光地のイメージのスコアに観光重視係数を掛け合わせたものの総和で表現される。観光重視係数は15項目の重視点に対し主成分分析を行うことにより情報を要約し，最も説明力の大きい第１主成分の得点を使用したものである。

　観光ブランド力総合ランキング上位10位以内にある観光ブランドの「重視ポイント獲得点数」をベースに，「価値体験」（満点1.983点），「情報価値」（同4.342点），「インフラ価値」（同3.675点）の３つの項目に点数を配分し（合計10点満点），各観光地を得点化している。その結果，総合力トップ10に入るブランド力の強い観光地（１泊旅行）は図表23-2のような順位となる。第１位が京都（2.46），第２位が沖縄（2.34），第３位が札幌（2.10）となっており，当然のことながら知名度の高い観光都市が上位に位置する傾向にあることがわかる。

図表23-2　観光ブランド指数ランキング結果

順位	観光地名	得点
1	京都	2.46
2	沖縄	2.34
3	札幌	2.10
4	神戸	1.94
5	富良野	1.83
6	軽井沢	1.82
7	金沢	1.76
8	奈良	1.73
9	鎌倉	1.72
10	箱根温泉	1.60

（出所）博報堂観光ビジネス開発プロジェクト（2004）。

4. 都市観光地（街なか）の魅力度評価調査

都市観光地（街なか）の魅力度評価調査は，日経産業消費研究所によって2004年2月～3月上旬に調査が行われ，学識経験者，または行政，観光協会や旅行会社などの実務家（計289名）に対し調査票を配布し，その結果をまとめたものである。つまり，観光に関する専門家とよばれる人々の意見を集約したものである。

日本全国から130の観光地を選定し，過去5年以内に来訪した地区かどうか尋ね，さらに訪ねた地区の「都市の中心部（街なか，中心市街地）」について，10段階で「総合的な魅力度」を評価する。くわえて詳細な評価項目としては，「魅力を感じる要素」（歴史的な建物・街並み，食べ物，宿泊施設など11項目）と「特色」（地域の固有性，歴史性，文化性など11項目）についての設問が存在している。

都市観光地魅力度調査での総合魅力度上位10地点の結果は図表23-3のとおりである。第1位が京都・四条と祇園中心(8.0)，第2位が札幌(7.9)と神戸(7.9)となった。やはり日本を代表とする観光都市が上位に位置づけられる。全体を通して歴史と文化的雰囲気がある都市は高く評価される傾向にあり，また前ページで紹介した観光ブランド指数のランキング結果との相関も高い傾向にあるといえる。観光地の魅力を感じる要素として，130の観光地において重視されたのは「歴史的な建物・街並み」，「食べ物」，「公園や散歩道」，「買い物ができる」であり，一方，特色の項目では「地域や固有性」，「歴史性」，「文化性」，「親しみやすい」が点数が高い傾向にあった。

図表23-3 都市観光地魅力度調査での総合魅力度上位10地点

順位	都市名	点数
1	京都・四条と祇園中心	8.0
2	札幌	7.9
2	神戸	7.9
4	鎌倉	7.8
5	横浜・中華街と元町周辺	7.7
6	金沢	7.6
6	高山	7.6
6	那覇	7.6
9	奈良	7.5
10	東京・銀座	7.4

（出所）日経産業消費研究所（2004）。

5. コンジョイント分析

これまでに観光地のブランド評価に関する代表的な指標を紹介し,説明した。ここでは観光地のブランド評価を行う手法の1つとしてコンジョイント分析を取り上げ,同手法を用いたブランド評価の事例について紹介する。コンジョイント分析とは商品の総合評価をするとき,すなわち観光客が複数の観光商品から1つを選ぶ場合,それぞれの評価項目（宿泊費が安い,観光スポットの有無,自然の豊かさ,食事のおいしさなど）がどの程度目的変数に影響を与えているかを明らかにする分析手法である。コンジョイント分析は多変量解析の一種で,マーケティングリサーチにおいて活用されている。コンジョイント分析において観光客が観光商品を購入する際に考慮に入れる各要素を部分効用という。

土居（2009）はコンジョイント分析を通じて,伊豆半島という観光資源を「商品」と考え,観光地の魅力（ブランド）を構成すると思われる7つの要素（①宿泊費用,および施設グレード,②温泉の有無,③観光地の雰囲気,④土地の人の対応,⑤食事・買物のお店,⑥観光ポイントの種類,⑦交通渋滞・混雑）を設定した。

コンジョイント分析の結果を,まず部分効用値（観光地の魅力を構成する要素の部分効用＝好ましさ）でみたのが図表23-4である。中央の縦線より右方向の棒グラフは,部分効用値がプラスで「好まれている」ことを,左方向の棒グラフは部分効用値がマイナスであり,「好まれていない」ことを示している。グラフの長さはプラスとマイナスの好感度の大きさを示している。

回答者全体の部分効用値の第1位は「温泉あり」（0.39）で,他の要素に比べて群を抜いた高さであり,観光客が温泉を求めて伊豆半島に旅行していることを意味する。第2に「素朴で情緒ある静かな土地」（0.20）という観光地の雰囲気が好まれている。さらに「宿泊料金および施設のグレード12,000円」（0.14）,「花・緑・自然を満喫／歴史・美術・文化を訪ねるなどの観光ポイントがある」（0.13）,「交通渋滞・観光地の混雑がない」（0.12）,「魅力あるお店が多い」（0.09）などの要素がほぼ同じ順位で並んでいる。

図表23-5の重要度は観光地の選択において各基準（属性）を重視する度合いであり,全体に占める各属性の効用のウェイトを意味する。伊豆半島という観

図表23-4　望ましい観光地とその魅力を構成する要素の好感度（部分効用値）

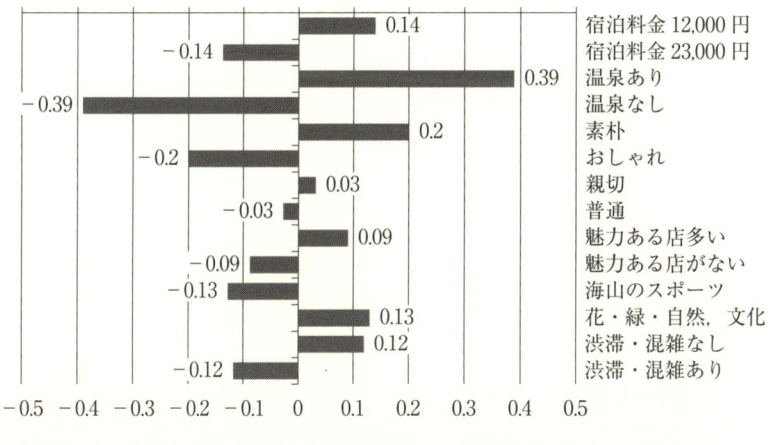

値	要素
0.14	宿泊料金 12,000 円
−0.14	宿泊料金 23,000 円
0.39	温泉あり
−0.39	温泉なし
0.2	素朴
−0.2	おしゃれ
0.03	親切
−0.03	普通
0.09	魅力ある店多い
−0.09	魅力ある店がない
−0.13	海山のスポーツ
0.13	花・緑・自然，文化
0.12	渋滞・混雑なし
−0.12	渋滞・混雑あり

（出所）土居（2009）。

図表23-5　重要度（回答者全体）

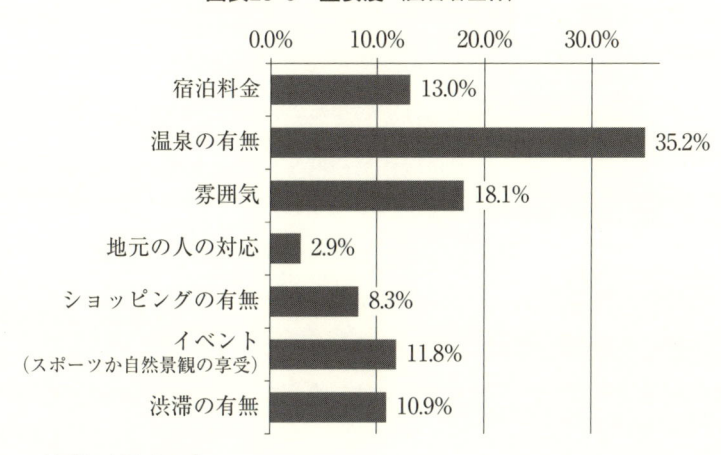

項目	割合
宿泊料金	13.0%
温泉の有無	35.2%
雰囲気	18.1%
地元の人の対応	2.9%
ショッピングの有無	8.3%
イベント（スポーツか自然景観の享受）	11.8%
渋滞の有無	10.9%

（出所）土居（2009）。

光地ブランドの場合，観光客が最も重視している基準が「温泉の有無」(35.2%)，第2は「観光地の雰囲気」(18.1%)，第3は「宿泊料金・施設グレード」(13.0%)であることがわかる。さらに「観光ポイント」(11.8%)，「交通渋滞や観光地の混雑」(10.9%)，「魅力ある食事・買物のお店」(8.3%)，「土地の人の対応」(2.9%)が続いている。

ここでも第1に「温泉の有無」が観光地選択において最大の重要な基準となっており，次に温泉街の雰囲気が第2の基準となっている。土居(2009)によれば，疲れる日常を離れて「癒し」を求める観光客の志向が窺えると結論づけている。すなわち伊豆半島という観光地ブランドは温泉，ならびに温泉街が重要な要素として成立していることを意味する。

　このようにコンジョイント分析では各要素の大きさを定量化し，何をどれだけ重視して購買の意思決定をしているかを把握できる。そのため，観光地のブランド評価において，今後ますます活用される手法であるといえる。

6．さらなる課題

　以上で観光地ブランドの代表的な調査結果と分析手法を説明した。紙幅の関係上すべてを紹介できなかったが，この他にも，主成分分析を使用するなど多様な手法があげられる。現在のところ，観光地ブランドの評価については確固とした指標が存在するわけではなく，様々な手法が併存している。利用する際の注意点として評価手法や調査項目が異なると，結果も異なることがあげられる。そのため，様々な方法を慎重に比較検討して利用することが必要となる。

　ブランド価値は消費者の認識の中に形成されるイメージを定量的に測定し数値化するため，計算は困難を極める。またその価値は必ずしも絶対的なものではなく，社会・経済環境に応じて変化する。そのため手法は常に改良を求められる。継続して調査を実施し，最新のデータで分析を行うことが必要である。

　今後の観光地のブランド評価分析では，上記で紹介したコンジョイント分析に加え，ブランドが有するプレミアム部分の価値の算定方法が有望な手法である。具体的には価格表示してある2つの観光商品（ブランド）を提示して，一方をどれだけ値下げすれば，もう一方の商品を選択するかを計量的に測定することで，消費者の知覚するブランドの金銭的価値を測定するアプローチを意味する。この方法は仮想市場評価法（Contingent Valuation Method：CVM）を応用することで，算定可能であり，活用するメリットが大きいといえる。

　　　　　　　　　　　　　　　　　　　　　　　　　　（大井達雄）

≪参考文献一覧≫

青木辰司（2004）『グリーン・ツーリズム実践の社会学』丸善出版。
青木辰司（2010）『転換するグリーン・ツーリズム―広域連携と自立をめざして―』学芸出版社。
青木辰司・小山善彦・バーナード・レイン（2006）『持続可能なグリーン・ツーリズム―英国に学ぶ実践的農村再生』丸善出版。
青木幸弘・新倉貴士・佐々木壮太郎・松下光司（2012）『消費者行動論：マーケティングとブランド構築への応用』有斐閣。
アレックス・カー（2000）『美しき日本の残像』朝日新聞出版。
井口貢編（2008）『観光学への扉』学芸出版社。
今井成男（1996）『観光概論＜改訂版＞』交通公社教育開発。
上田卓爾（2005）「観光学における「観光」の歴史的用例について―「観光丸」から「観光」を見直す―」『第11回観光に関する学術研究論文入選論文集』32-48 財団法人アジア太平洋観光交流センター（APTEC）。
運輸省運輸政策局観光部（1995）答申第39号。
江口信清（2009）「地球規模で進む観光」藤巻正巳・江口信清（編著）『グローバル化とアジアの観光―他者理解の旅へ』ナカニシヤ出版。
大久保壽夫編（2004）『認知コミュニケーション論』『シリーズ認知言語学入門』池上嘉彦・河上誓作・山梨正明監修，第6巻，大修館書店。
太田好信（1998）『トランスポジションの思想―文化人類学の再想像―』世界思想社。
大橋昭一・渡辺朗（2001）『サービスと観光の経営学』同文舘出版。
大橋昭一（2010a）『観光の思想と理論』文眞堂。
大橋昭一（2010b）「観光事業関連ブランド理論の一類型」『関西大学商学論集』第55巻第1・2合併号，1-18頁。
大橋昭一（2010c）「現代ブランド理論の基本的諸類型の考察」『関西大学商学論集』第55巻第4号，43-62頁。
岡本伸之編著（2001）『観光学入門』有斐閣。
岡本伸之（2001）「観光の個人化への対応」『月刊観光』6月。
岡本義温・小林弘二・廣岡裕一編著（2009）『新版　変化する旅行ビジネス』文理閣。
小川孔輔（1994）『ブランド戦略の実際』日本経済新聞社。
尾久土正己（1999）『インターネット天文台～美里から世界へ』岩波書店。
尾久土正己・川元美咲・吉田尚弘（2009）「シベリア皆既日食ツアーとその参加者の意識調査」『和歌山大学観光学部設置記念論集』39-54頁。
尾久土正己・川元美咲・中串孝志（2010）「皆既日食における観光動向からみた奄美

大島の観光戦略」『和歌山大学・観光学』第4号, 45-53頁。
小田切徳美（2009）『農山村再生―「限界集落」問題を超えて―』岩波書店。
香川眞編（2007）『観光学大事典』木楽舎。
刈屋武昭（2005）『ブランド評価と価値創造』日本経済新聞社。
「観光館について」http://www.geocities.jp/omoigawanohotori/region/kankoukan.htm（アクセス2012年11月28日）。
神崎宣武（1991）『物見遊山と日本人』講談社現代新書。
神崎宣武（1997）『おみやげ』青弓社。
北川宗忠（2008）『「観光」交流新時代』サンライズ出版。
米浪信男（2008）『現代観光のダイナミズム』同文舘出版。
近藤隆雄（2007）『サービスマネジメント入門―ものづくりから価値づくりの視点へ』生産性出版。
佐々木一成（2011）『地域ブランドと魅力あるまちづくり―産業振興・地域おこしの新しいかたち』学芸出版社。
佐竹真一（2010）「ツーリズムと観光の定義―その語源的考察、および、初期の使用例から得られる教訓―」『大阪観光大学紀要第10号（開学10周年記念号）』89-98頁。
澤渡貞男（2009）『海外パッケージ旅行発展史』彩流社。
白幡洋三郎（1996）『旅行ノススメ』中公新書。
松蔭大学観光文化研究センター（2009）『観光キーワード事典―観光文化への道標―』学陽書房。
鈴木忠義編（1984）『現代観光論〔新版〕』有斐閣。
田村明（2005）『まちづくりと景観』岩波書店。
茶谷幸治（2008）『まち歩きが観光を変える―長崎さるく博プロデューサー・ノート』学芸出版社。
土居英二（2009）『はじめよう　観光地づくりの政策評価と統計分析』日本評論社。
総務省（2012）『平成23年通信利用動向調査』総務省。
竹鼻圭子（2009）『しなやかな組織としてのことば』英宝社。
玉村和彦（1991）「バルク運賃導入とその影響」『同志社商学』第42巻第6号。
玉村和彦（2003）『パッケージ観光論』同文舘出版。
鳥飼久美子（2007）『通訳者と戦後日本外交』みすず書房。
内閣総理大臣官房審議室編（1970）『観光の現代的意義とその方向』。
中村宏（2006）「戦前における国際観光（外客誘致）政策―喜賓会，ジャパン・ツーリスト・ビューロー，国際観光局設置―」『神戸学院法学』第36巻第2号，107-133頁。
西村幸夫（1993）「都市デザイン思潮覚え書き」，渡辺定夫編著『アーバンデザインの現代的展望』鹿島出版，所収。
西村幸夫（2004）『都市保全計画―歴史・文化・自然を活かしたまちづくり』東京大

学出版会。
西村幸夫（2008）『風景論ノート』鹿島出版会。
西村幸夫編（2009）『観光まちづくり―まち自慢からはじまる地域マネジメント』学芸出版社。
西村幸夫・埒正浩編著（2007）『証言・町並み保存』学芸出版社。
西村幸夫・埒正浩編著（2011）『証言・まちづくり』学芸出版社。
日経産業消費研究所（2004）『観光の街なか魅力度とニーズ：専門家の評価と消費者調査』日本経済新聞社。
日本観光協会（2011）『平成22年度版・観光の実態と志向』日本観光協会。
日本経済新聞（2012年11月26日）「色や音，商標に　特許庁が改正案」。
日本公開天文台協会（2007）『公開天文台白書2006』。
『日本交通公社七十年史』（1982）日本交通公社。
『日本人の海外旅行25年』（1989）トラベルジャーナル。
日本政府観光局（2009）『JNTO国際観光白書（2009年度版）』日本政府観光局。
日本政府観光局（2010）『JNTO国際観光白書（2010年度版）』日本政府観光局。
野曽原尚子・秋山演亮・中串孝志・尾久土正己（2012）「宇宙飛行士へのインタビューをもとにした「宇宙船からの絶景」の選定」『和歌山大学宇宙教育研究所紀要』No. 1, 11-22頁。
博報堂観光ビジネス開発プロジェクト（2004）『観光ブランド力調査レポート：観光ブランドアナライザー』博報堂。
長谷政弘編著（1997）『観光学辞典』同文舘出版。
橋本卓爾・山田良治・藤田武弘・大西敏夫編著（2011）『都市と農村―交流から協働へ―』日本経済評論社。
畠山武道・土屋俊幸・八巻一成（2012）『イギリス国立公園の現状と未来―進化する自然公園制度の確立に向けて』北海道大学出版会。
平松紘（2001）『イギリス緑の庶民物語―もうひとつの自然環境保全史』明石書店。
蛭川久康（1998）『トマス・クックの肖像』丸善出版。
廣岡裕一（2006）「募集型企画旅行における京都観光の考察」『第21回日本観光研究学会全国大会学術論文集』日本観光研究学会。
深見聡（2010）「ジオパークとジオツーリズムの成立に関する一考察」『地域総合研究』第38巻第1号，63-72頁。
藤垣裕子・廣野喜幸『科学コミュニケーション論』東京大学出版会。
藤島廣二・中島寛爾編著（2009）『農産物地域ブランド化戦略』筑波書房。
藤巻正巳・江口信清（編著）（2009）『グローバル化とアジアの観光―他者理解の旅へ』ナカニシヤ出版。
藤本幸男・森下晶美（2011）『旅行商品企画の理論と実際』同友館。
プラネタリウム協議会（2012）『プラネタリウムデータブック2010』。
塹江隆（2002）「日本人海外旅行者による土産品購入行動の心理的変化に関する考察」

『日本観光学会誌』第41号（12月）。
本城靖久（1996）『トーマス・クックの旅』講談社現代新書。
前田勇（1995）『観光とサービスの心理学　観光行動学序説』学文社。
前田勇・佐々木土師二監修・小口孝司編集（2006）『観光の社会心理学　ひと，こと，もの3つの視点から』北大路書房。
前田勇編（2010）『現代観光総論』学文社。
溝尾良隆（編著）（2009）『観光学の基礎』原書房。
蓑豊（2007）『超・美術館革命―金沢21世紀美術館の挑戦』角川書店。
宮内順（1996）『旅行業界早わかりマップ』こう書房。
村串仁三郎（2004）「イギリスにおける国立公園思想の形成（1）―自然・風景の保護とレジャー的利用の確執に関する考察―」『経済志林』第72巻（1/2），105-134頁。
室谷正裕（1998）『新時代の国内観光―魅力度評価の試み』運輸政策研究機構。
文部科学省（2012）『社会教育調査―平成23年度結果（中間報告）の概要』。
安村克己（2006）『観光まちづくりの力学』学文社。
柳父章・水野的・長沼美香子編（2010）『日本の翻訳論―アンソロジーと解題』法政大学出版局。
山口誠（2010）『ニッポンの海外旅行』ちくま新書。
山下晋司（1999）『バリ　観光人類学のレッスン』東京大学出版会。
山下晋司（編）（2011）『観光学キーワード』有斐閣。
山田良治（2010）『私的空間と公共性』日本経済評論社。
http://www.jpo.go.jp/cgi/link.cgi?url=/seido/s_shouhyou/chizai08.htm（「商標制度の概要」特許庁のHP：アクセス2012年11月29日）
http://www.jpo.go.jp/cgi/link.cgi?url=/seido/s_shouhyou/dansho.htm（団体商標，地域団体商標及び防護標章登録制度」特許庁のHP：アクセス2012年11月29日）
http://chizai.nikkeibp.co.jp/chizai/gov/20090526.html（「特許庁が2010年商標法改正を目指し新タイプの商標の導入を検討」日経ビジネスプレスのHP：アクセス2012年11月29日）
http://www.jpo.go.jp/cgi/link.cgi?url=/seido/s_shouhyou/dansho.htm（地域団体商標登録制度のお知らせ」特許庁のHP：アクセス2012年11月29日）
http://www.ritz-carlton.co.jp/profile/concept/index.html（アクセス2012年12月1日）
http://www.bizocean.jp/column/president/presiden132/（アクセス2012年12月1日）
Aaker, D. A. (1996), *Building Strong Brands*, New York: The Free Press.
Anholt, S. (2009), *Nation Brands Index*, http://www.simonanholt.com/Research/research-introduction.aspx（アクセス2012年11月28日）
Ashworth G. (2003), Urban Tourism: Still an Imbalance in Attention?, in: Cooper, C. (ed.), *Classic Review in Tourism*, Channel View Publication, pp. 143-163.
Ashworth, G. and Page, S. (2011), Urban Tourism Research: Recent Progress and

Current Paradoxes, *Tourism Management*, Vol. 32, No. 1, pp. 1-15.
Baker, B. (2007), *Destination Branding for Small Business*, Creative Leap Books.
Barthes, R. (1957), *Mythologies*, Editions de Seuil.（篠沢秀夫訳（1967）『神話作用』現代思潮社。）
Bhabha, H. (1990), The Other Question : Difference, Discrimination and the Discourse of Colonialism, in : *Out There : Marginalization and Contemporary Culture*, Ferguson, R., et al. eds., pp. 71-87, Cambridge, MA : MIT Press.（富山太佳夫訳（1996）「他者の問題―差異，差別，コロニアリズムの言説―」所収：富山太佳夫編『文学の境界線』研究社出版，167-207頁。）
Boorstin, D. (1962), *The Image : Or, What Happened to the American Dream*, New York : Atheneum.（星野郁美・後藤和彦訳（1964）『幻影の時代―マスコミが製造する事実―』東京創元社。）
Brendon, P. (1991), *Thomas Cook : 150 Years of Popular Tourism*, Martin Secker & Warburg Ltd.（石井昭夫訳（1995）『トマス・クック物語』中央公論社。）
Britton, S. (1991), Tourism, Capital and Place : Towards a Critical Geography of Tourism, *Environment and Planning D : Society and Space*, 9-4, pp. 451-478.（畠中昌教・滝波章弘・小原丈明訳（1999）「ツーリズム，資本，場所―ツーリズムの批判的な地理学にむけて―」空間・社会・地理思想4，127-153頁。）
Butler, R. W. (1980), The Concept of a Tourism Area Life Cycle of Evolution : Implications for Management of Resources, *Canadian Geographer*, 24, 1, Spring, pp. 5-12.
Clifford, J. (1992), Traveling Cultures, in : *Cultural Studies*, Grossberg, L., Nelson, C. and Triechler, P., eds., pp. 96-112. New York : Routledge.
Crouch, D. (1999), Introduction : Encounters in Leisure/Tourism, in : *Leisure/Tourism Geographies : Practices and Geographical Knowledge*, Crouch, D. ed., pp. 1-16. London and New York : Routledge.
Cruzten, P. and Stoermer, E. (2000), The 'Anthropocene'. *Global Change Newsletter* 41, pp. 17-18.
Duncan, J. and Gregory, D. (1999), Introduction, in : *Writes of Passage : Reading Travel Writing*, Duncan, J. and Gregory, D., eds., pp. 1-13. London : Routledge.
Featherstone, M.(1991), *Consumer Culture & Postmodernism*, SAGE Publishers.（川岬賢一・小川葉子編著訳(1999)『消費文化とポストモダニズム』恒星社厚生閣。）
Fodness, D. (1994), Mesuring Tourist Motivation, *Annals of Tourist Research*, Vol. 21, No. 3, pp. 555-581.
FutureBrand (2012), *Country Brand Index 2012-13*, www.futurebrand.com/wp-content/cbi/pdfs/CBI_2012-13.pdf.（アクセス2012年11月28日）
Goss, J. (1993), Placing the Market and Marketing Place : Tourist Advertising of the Hawaiian Islands, 1972-92, *Environment and Planning D : Society and*

Space, 11, pp. 663-668.

Guattari, F. (1989) (translated by Turner, C.), Three Ecologies, *New Formations*, No. 8, pp. 131-147.

Harvey, D. (1989), *The Condition of Postmodernity*, Oxford：Basil Blackwell.（吉原直樹監訳（1999）『ポストモダニティの条件』青木書店。）

Harvey, D. (1997), From Managerialism to Entrepreneurialism：The Transformation in Urban Governance in Late Capitalism, in：*Geografiska Annaler*, Series B, Human Geography, Vol. 71, No. 1, pp. 3-17.（廣松悟訳（1997）「都市管理者主義から都市企業家主義へ―後期資本主義における都市統治の変容―」,『空間・社会・地理思想』第2号, 36-53頁。）

Hawai'i Tourism Authority, (2010), 2010 Annual Visitor Research Report, (http://www.hawaiitourismauthority.org/default/assets/File/reports/visitor-statistics/2010%20Annual%20Visitors%20Research%20Report%20(Webposting%208-12-11)(1).pdf（アクセス2012年7月30日）

Kaplan, C. (1996), *Questions of Travel*, Paris：Duke University Press.

Keller, K. L. (2008), *Strategic Brand Management*, 3rd ed., Upper Saddle River：Prentice-Hall.（恩蔵直人監訳（2010）『戦略的ブランド・マネジメント，第3版』東急エージェンシー。）

Law, C. (2002), *Urban Tourism, the Visitor Economy and the Growth of Large Elites*, 2nd ed., Continuum.

Lefebvre, H. (1974), *La Production de l'espace*, Paris：Anthropos.（斉藤日出治訳（2000）『空間の生産』青木書店。）

MacCannell, D. (1992), *Empty Meeting Grounds : the Tourists Papers*, London：Routledge.

MacCannell, D. (1999), *The Tourist : A New Theory of the Leisure Class*, University of California Press.（安村克己・須藤廣・高橋雄一郎・堀野正人・遠藤英樹・寺岡伸悟訳（2012）『ザ・ツーリスト―高度近代社会の構造分析―』学文社。）

Meadows, D., Meadows, D., Randers, J. and Behrens, W. III. (1972), *The Limits to Growth : A Report for the Club of Rome's Project on the Predicament of Mankind*, London：Universe Books.

Meldrum, Yukari Fukuchi (2010), *Contemporary Translationese in Japanese Popular Literature : a descriptive study*, Saabrücken：LAPLAMBERT Academic Publishing.

Mitchell, D. (1995), There's No Such Thing as Culture：Towards a Reconceptualization of the Idea of Culture in Geography, *Transactions of the Institute of British Geographers*, 20-1, pp. 102-116.（森正人訳（2002）「文化なんてものはありゃしねぇ―地理学における文化観念の再概念化にむけて―」

空間・社会・地理思想7，118-137頁。）
Munday, J.（2008）, *Introducing Translation Studies*, 2nd ed., New York：Routledge.（First published 2001, 鳥飼久美子監訳（2009）『翻訳学入門』みすず書房。）
Nash, R.（1989）, *The Rights of Nature：A History of Environmental Ethics*. Madison：University of Wisconsin Press.
New Gillespie Economics and BDA Group（2000）, *Economic Activity of Australia's World Heritage Areas：Final Report*, Department of the Environment, Water, Heritage and the Arts.
Page, S. and Hall, M.（2003）, *Managing Urban Tourism*, Pearson Education Limited.
Pritchard, A., Morgan, N. and Ateljevic, I.（2011）, Hopeful Tourism：A New Transformative Perspective, *Annals of Tourism Research*, Vol. 38（3）, pp. 941-965.
Pym, A.（2010）, *Exploring Translation Theories*, New York：Routledge.（武田珂代子訳（2010）『翻訳理論の探求』みすず書房。）
Rampersad, H. K.（2009）, *Authentic Personal Branding：A New Blueprint for Building and Aligning a Powerful Leadership Brand*, Charlotte, NC：Information Age Publishing INC.
Rojek, C.（1997）, Indexing, Dragging and the Social Construction of Tourist Sights, in：*Touring Cultures：Transformations of Travel and Theory*, Rojek, C. and Urry, J.（eds）, Routledge, pp. 52-74.
Ruzzier, M. K.（2010）, *Destination Branding Theory and Research*, LAMBERT.
Said, E.（1978）, *Orientalism*, New York：Georges Borchardt.（今沢紀子訳（1986）『オリエンタリズム』平凡社。）
Selby, M.（2004）, *Understanding Urban Tourism, Image, Culture and Experience*, I. B. Tauris.
Sheldon, P. J.（1998）, *Tourism Information Technology*, C a B intl.
Shields, R.（1991）, *Places on the Margin：Alternative Geographies of Modernity*, London：Routledge.
Stallybrass, P. and White, A.（1986）, *The Politics and Poetics of Transgression*, London：Methuen.（本橋哲也訳（1995）『境界侵犯―その詩学と政治学―』ありな書房。）
Tribe, J.（1997）, *Corporate Strategy for Tourism*, Thomson Learning, London：International Thomson Business Press.（大橋昭一・渡辺朗・竹林浩志訳（2007）『観光経営戦略―戦略策定から実行まで』同友館。）
Turner, V.（1974）, *Dramas, Fields, and Metaphors：Symbolic Action in Human Society*, Cornell University Press.（梶原景昭訳（1981）『象徴と社会』紀伊國屋書店。）
Urry, J.（1990）, *The Tourist Gaze：Leisure and Travel in Contemporary Societies*,

London：Sage Publications Ltd.（加太宏邦訳（1995）『観光のまなざし―現代社会におけるレジャーと旅行―』法政大学出版局。）

Urry, J. and Larsen, J. (2011), *The Tourist Gaze 3.0*, 3rd ed., London：Sage.

UNESCO (2010), *Guidelines and Criteria for National Geoparks Seeking UNESCO's Assistance to Join the Global Geoparks Network（GGN）*。

Van Gennep, A. (1909), *Les Rites de Passage*, Paris：Emile Nourry.（織部恒雄・織部祐子訳（1977）『通過儀礼』弘文堂。）

Venuti, L. (2008), *The Translator's Invisibility ―A History of Translation*, 2nd ed., New York：Routledge.（First published 1995）

Verschueren, J. (1999), *Understanding Pragmatics*, London：Edward Arnold.（東森勲監訳（2010）『認知と社会の語用論―統合的アプローチを求めて』ひつじ書房。）

Ward, B. (1972), *Only One Earth：The Care and Maintenance for a Small Planet*. (Report prepared for the UN Stockholm Conference on the Human Environment), New York：Norton.

Williams, R. (1983), *Keywords：A Vocabulary of Culture and Society*, London：Harper Collins.（椎名美智・武田ちあき・超智博美・松井優子訳（2011）『完訳　キーワード辞典』平凡社。）

World Tourism Organization and European Travel Commission (2009), *Handbook on Tourism Destinations Branding*, Madrid：World Tourism Organization.

索　引

〔あ　行〕

アーリ……………………………6, 60
アイデンティティ・クライシス………133
新しい商標……………………122, 123
アントロポセン……………………173

異化……………………………110, 114
イメージ……………………………62

Webブランディング…………………81

演奏………………………………148
演奏会……………………………148

オルタナティブ・ツーリズム………17, 66
音楽………………………………141
音楽会……………………………141

〔か　行〕

科学コミュニケーション………………70
仮想市場評価法……………………188
楽曲………………………………148
環境責任……………………173, 176
観光入込客統計に関する共通基準……5
観光客のまなざし……………………60
観光システム論………………………10
観光者満足……………………………29
観光地ブランド……………………125
観光地ライフサイクル……………84, 87
観光動機……………………………27
観光動機のプッシュ要因……………27
観光動機のプル要因…………………27
観光ブランド力調査………………184
観光まちづくり………………………49
カントリー・ブランド・インデックス
　（CBI）………………………………182

境界性………………………………63
近代化遺産…………………………159

クック（トーマス）……………………19
グリーン・ツーリズム……………51, 165

景観法………………………………158

公開天文台……………………………91
国際観光局……………………………13
国際的ツーリスト……………………5
個人ブランド………………………141
国家ブランド指数…………………183
コミュニケーション………………109
コンジョイント分析………………186
コンタクト・ポイント……………153

〔さ　行〕

CI事業……………………………133
市場原理……………………………41
持続可能な競争優位性………………32
持続可能なツーリズム………………56
シビックプライド……………………49
社会教育調査………………………68
ジャパン・ツーリスト・ビューロー…13
商標登録……………………………118
商品差別化…………………………102
情報通信技術（ICT）………………75
情報伝達能力（インターネット）……77
情報表現能力（インターネット）……78

生活空間……………………………162
世界観光機関……………………5, 14

ゾーニング（区分）…………………128

〔た　行〕

団体旅行………………………19, 26
地域からの情報発信…………………80
地域ブランド……………………119, 170
地産地消……………………………166
忠誠心（loyalty）……………………29
聴衆………………………………142

地理的ブランド……………………127

出会い………………………………61
テーマ的ブランド…………………130

同化……………………………110, 114
都市観光地（街なか）の魅力度評価調査
　………………………………………185
都市農村交流………………………165
都市農村問題………………………52
トライブ……………………………88
トランス・サイエンス……………74

〔な 行〕

日本標準産業分類…………………4

農産物直売所………………………165
農村ツーリズム……………………51

〔は 行〕

博物館法……………………………67
パッケージ旅行…………………19, 22
バトラー…………………………83, 84

美意識………………………………36
ビジュアル・アイデンティティ…134

ブランド……………………………101
ブランド・イメージ……………105, 150

ブランド再生………………………151
ブランド再認………………………151
ブランド知識………………………105
ブランド・デザイン………………133
ブランド認知…………………105, 150
ブランド連想………………………150
ブランド・ロイヤルティ…………106
ふるさと創生事業…………………69
文化的景観…………………………160
文化翻訳…………………………109, 112
文化論的転回………………………59

放射性物質…………………………74
ホープフル・ツーリズム…………180
ポジショナリティ…………………65
翻訳…………………………………109

〔ま 行〕

マス・ツーリズム……………16, 19, 24, 53
まち歩き……………………………161

〔ら 行〕

立体商標……………………………120
リピーター…………………………165
利用独占……………………………38
旅行業………………………………22
倫理…………………………………174

歴史まちづくり法…………………163

〈編著者略歴〉

大橋　昭一（おおはし・しょういち）

1960年　神戸大学大学院経営学研究科博士課程修了
現　在　和歌山大学名誉教授・大阪観光大学名誉教授・関西大学名誉教授
　　　　経営学博士（神戸大学），観光学術学会会長
　　　　これまでに関西大学商学部長，大阪明浄大学（現・大阪観光大学）副学長・観光学部長，和歌山大学観光学部長などを歴任。本書を含め編著書等は39冊。
　　　　"Who's Who in America"など米・英・印の人名録9冊に日本の代表的経営学者として収録されている。

《検印省略》
略称─観光ブランド

平成25年3月25日　初版発行

現代の観光とブランド

編著者	大橋　昭一
発行者	中島　治久

発行所　同文舘出版株式会社
東京都千代田区神田神保町1-41 〒101-0051
電話 営業（03）3294-1801 編集（03）3294-1803
振替 00100-8-42935 　http://www.dobunkan.co.jp

© S. OHASHI
Printed in Japan 2013

印刷：三美印刷
製本：三美印刷

ISBN 978-4-495-38221-6